JN205034

ビジョントレーニングの教育力

監修 北出 勝也

富永 絵理子・松岡 哲雄・岡本 康志

八千代出版

はしがき

　米国留学の最終学年に、私はワシントン DC のオプトメトリスト、Dr. ハリー・ワックスのクリニックで 3 ヶ月の研修を受けました。Dr. ワックスのクリニックは、発達障害や学習障害のお子さんを専門的に診てトレーニングを行っている場所でした。教育心理学者のピアジェの影響を強く受けられた Dr. ワックスは、ピアジェの発達理論をベースにした独自のビジョントレーニング理論を組み立てられていました。ビジョントレーニングを 1990 年代に日本に導入された内藤貴雄ドクター・オブ・オプトメトリーや私が Dr. ワックスから強く影響を受けておりますことも、日本において教育の分野でビジョントレーニングが広がっている要因かもしれません。すべてのオプトメトリストがピアジェに影響を受けているわけではありませんし、全くビジョントレーニングには関わらずに、眼の病気のケア・視力矯正の仕事だけを行っているオプトメトリストも存在します。

　もともとビジョントレーニング（ビジョンセラピーともいわれます）は、米国では 100 年以上の歴史があるオプトメトリスト（検眼士）がサービスの一環として始めたものです。視覚の機能に問題のある人のケアとして、眼鏡やコンタクトレンズの視力矯正とは別に、視覚のトレーニングが有効ということが発見された 1960 年代くらいから、主に学習困難なお子さんのトレーニングとして始まりました。ビジョントレーニングが促進する視覚機能の発達は、視覚を使った論理的思考の習得にも欠かせないものであり、仕事、余暇活動など豊かな生活をおくるためにも欠かせないものです。

　本書におきましては、これまで「眼の運動トレーニング」として語られることの多かったビジョントレーニングを、幼児期の視覚発達のための眼と体の遊びトレーニング、中学・高校にいたる学齢期からの学習へのビジョントレーニングの理論導入・応用まで論じていただきました。

　学齢期以前の 5 歳くらいまでの子どもたちの感覚・運動発達のための遊びトレーニングをどのようにしていくかということ、またビジョントレーニングを行って、終了してからも子どもたちの問題というのも続いていく場合がありますので、以後のケアをどのようにするか、ということを悩んでおられる方の大きなヒントにもなるのではないかと思われます。

　日本ではオプトメトリストは国家資格になっておらず、まだまだビジョントレーニングが広く世間一般に認知されるまでには至っていませんが、支援教育の一つのジャンルとして認知されるようになってきており、教育者、作業療法などの療育関係者で、興味を持って実践されておられる方も増えているようです。発達理論をベースにしたビジョントレーニングの理解のために、本書がそのきっかけとなりましたら、この上ない喜びです。著者の富永先生、松岡先生、岡本先生、八千代出版の編集部の皆様に深く感謝を申し上げます。

　2018 年 7 月吉日

　　　　　　　　　　　　米国ドクター・オブ・オプトメトリー　北出勝也

目　　次

第3部　ビジョントレーニングの教育力

▶ 第1部 ◀

ビジョントレーニングとは

1章

認知を養うビジョントレーニング

「私たちは情報の8割を眼から得ているといわれます。眼から得た情報は、脳で情報処理され、その情報をもとに体を動かすという一連の働き（視覚機能）があります。近年この、見え方（視覚機能）に課題があり、学習・運動に支障をきたしている子どもたちの存在が明らかになってきました。そんな子どもたちの見え方を改善するのがビジョントレーニングです」（北出、2017）。

　ビジョントレーニングは、しっかり「見る」力、つまり視覚から得られる情報を確かに受け取り、それに基づいて確かに行動することができるようになる力を育てるトレーニングです。

　私たちは、生まれてすぐに大人のようなものごとの捉えや理解をすることはできません。生きていく中で、様々なものごとに出会い、経験を重ね、認知が発達していきます。そのような活動に、視覚から得られる情報は大きな役割を果たしています。

　私たちヒトを含め、生き物は、その体に備わる感覚により自分の体の状態や周りの様子を捉えて活動しています。感覚というと、いわゆる五感（視覚・聴覚・嗅覚・触覚・味覚）が思い浮かぶかと思います。外界からの刺激を捉える感覚として一般にイメージしやすい言い方ですが、現代の生理学ではもう少し複雑な分類がなされており、脳が受け取る感覚は、①体性感覚（皮膚感覚や深部感覚）、②特殊感覚（視覚、聴覚、平衡感覚、味覚、嗅覚など脳神経が担う感覚）、③内臓感覚（臓器感覚や内臓痛）と大きく3つに分けられています。

　感覚の分類で耳慣れないのは、深部感覚、平衡感覚、内臓感覚でしょうか。深部感覚は、固有受容覚ともいわれ、筋肉や腱の伸張、関節の動きなどの刺激についての感覚で、自分の体の位置や動き、力の入れ具合を捉え、力を加減したり運動をコントロールしたりすることや、重力に対する姿勢やバランス、ボディイメージに関わる感覚です。平衡感覚は前庭感覚ともいわれ、体の傾きやスピード、回転運動の変化を捉える感覚です。そして内臓感覚は、体内の臓器からの感覚です。「おなかがいっぱいだ」「トイレにいきたい」と思うのは、胃にたくさんものが入って膨れてきた感覚や、膀胱がいっぱいになって収縮する感覚からくるものです。このように、感覚は外界からの刺激だけではなく、自身の体についての情報も受け取っています。

　脳神経が担当している特殊感覚のうち、視覚は特に多くの情報を処理していて、その受容器である眼の構造・仕組みも複雑です。ヒトの視覚は、ものの位置や動きなど、視野の中の物体がどのような状態かを捉えたり、形や色など、見ているものが何かを捉えたり、また、得た情報の時間的・空間的な予測も行うなど、とても高度な機能で、視覚にかかわる脳の領域は大脳皮質の3分の1とも半分ともいわれています。

それぞれの感覚受容器で受けた刺激は、電気信号に変えられ、感覚神経を通じて脳に伝達されて情報処理が行われます。知覚が起こり、これまでの経験や知識、形成された概念に基づいてものごとが解釈・理解され、認知となるのです。

　知覚や認知は、脳の高次な働きです。ここまでが知覚で、ここからが認知だという線引きは難しいようですが、たとえば視覚においては、言葉のうえでは下記のように分けられています（奥村、2010）。

(1) 視機能
　①視力や視野を得るために必要な眼の仕組み（レンズの透明性、屈折異常、瞳孔や網膜の働きなど）
　②眼の運動機能（眼球運動、両眼視、調節など）
(2) 視覚情報処理
　①網膜からの感覚情報の受け取り
　②視知覚……長短、大小、位置、傾き、角度、運動の方向など、形態や物体を知覚するための要素的な視覚情報処理
　③視覚認知……経験や知識、形成された概念に基づいて、受け取った視覚情報を解釈・理解する視覚情報処理

　また、それぞれの感覚は単独で機能するだけでなく、複数が相互に影響し合って働きます。たとえば、遊園地にあるようなマジックハウスと呼ばれる部屋では、いつものように歩けず転びそうになってしまいますが、これは、「視覚的な垂直・水平」と「重力方向」がずらされているためにうまく感覚が働かなくなる、という仕組みです。このように複数の感覚が統合されて働くということも、ものごとの捉えや人間の活動に重要な役割を果たしています。

　これら感覚に対する刺激を道具で制御したり、感覚・知覚から得られた情報をうまく認知できるようにトレーニングしたりして、状況に合わせてうまくいくようにできたなら、生活しやすく、また学びが成り立ちやすくなるのではないでしょうか。

　ビジョントレーニングは、低次の視機能（感覚器である眼の機能）から高次の脳機能（視知覚・視覚認知）にわたる視覚機能や、視覚とほかの感覚との統合へ働きかけて、制御された動作を引き出そうとする、とても応用範囲の広いトレーニングです。

　本書では、実際の教育・指導の場において何ができる/できないという現象面で見るのではなく、そのもとにある感覚や認知へ掘り下げて、ビジョントレーニングの持つ要素である認知の機能への働きかけや、子どもの発達、学習の困難の理解と指導を論じ、いわゆるビジョントレーニングと学習との関わりや、子どものステージに合わせた教育やビジョントレーニングのあり方を考えていきたいと思います。

　ビジョントレーニングは、幼児から高齢者、生活や学習からスポーツまで、幅広く様々な目的に向けて行うことができますが、中でも、様々な能力を獲得したり熟達したりしながら認知が大いに発達していく時期である子どもへのビジョントレーニングは、視覚の発達やその他の感覚との統合発達に働きかけ、学び取る力を育てるという意味を持っています。

まず第1部では、基礎論としてビジョントレーニングの概要を述べ、身体と心の発達について
もふれながら「ビジョントレーニングの教育力」を概観していきます。神経系が育つ時期である
幼児期と、学童期や青年期以降ではビジョントレーニングの持つ意味合いが少し変わりますので、
第2部で幼児期における、神経系の育ちを促し感覚を養う働きかけとしてのビジョントレーニン
グを紹介し、第3部では学童期や青年期以降において感覚から得られた情報をどのように認知す
るか、どのように動作を制御するかという、理解と実行につながる能力を高める働きかけとして、
ビジョントレーニングの要素を取り入れた学習指導について検討していきます。

　本書で用いる言葉は、それぞれの分野における専門用語としての定義からいうと厳密な用い方
をしていないかもしれませんが、一般的な用法を含めたものとしてご理解ください。

　ビジョントレーニングの手法や、一つひとつのトレーニングの実施手順などは本書でも一部紹
介しますが、章末にあげたビジョントレーニングの書籍に詳しく紹介されていますので、実施に
際してはそちらをご参照くだされば幸いです。

　もとのビジョントレーニング/ビジョンセラピーは、視覚の専門家による総合的な内容の視覚
機能のアセスメントに基づいて、専門的に行われるものです。オプトメトリーという視覚に関す
る学問分野に学び、セラピストとして人々の視覚機能のケアに努める専門家がオプトメトリスト
です。その資格のあり方は国によって様々で、日本では現在のところ国家資格になっていません
が、アメリカでは眼のプライマリーケアを担うドクターです。オプトメトリーはアメリカでは
100年からの歴史を持ち、今日ではヨーロッパ、アジアなど多数の国々に広がっています。

　日本におけるオプトメトリストのビジョントレーニングは、本書監修者である神戸の北出勝也
米国ドクター・オブ・オプトメトリー、また、名古屋の内藤貴雄米国ドクター・オブ・オプトメ
トリーが、アメリカで学んだことを1990年代に日本に持ち帰ったところから始まります。

　最近では、子どもの認知を育てるトレーニングとして、ビジョントレーニングが注目されるよ
うになり、また、2016年施行の障害者差別解消法において合理的配慮が求められるようになった
ことも合わせて、就学前や小学校、中学校、特別支援学校など様々な教育現場でも関心を持たれ
る機会が増えてきました。学習の困難を抱える子どもたちの指導において、学びの力のもとであ
る「認知」に掘り下げて検討することがもっと注目され、ゆくゆくはそれが教育として当然の考
え方となるよう、ビジョントレーニングがその糸口となることに大きな期待をしています。

┌─ ［ビジョントレーニングの書籍］ ─────────────────────

・北出勝也編著（2017）『クラスで楽しくビジョントレーニング』図書文化社。

・北出勝也（2017）『勉強と運動が苦手な子のビジョントレーニング』PHP 研究所。

・北出勝也監修（2015）『発達の気になる子の学習・運動が楽しくなるビジョントレーニング』ナツメ社。

・奥村智人（2011）『教室・家庭でできる「見る力」サポート＆トレーニング―発達障害の子どもたちのために―』中央法規出版。

・玉井浩監修、奥村智人・若宮英司編著（2010）『学習につまずく子どもの見る力―視力がよいのに見る力が弱い原因とその支援―』明治図書出版。

・奥村智人・三浦朋子・茅野晶敬（2018）『学びにくい子どもと教室でできる！〈プチ〉ビジョントレーニング』明治図書出版。

・飯田覚士（2016）『おうちで簡単ビジョントレーニング』ベースボール・マガジン社。

　　　　　　　　　　　　　　　　　　　　　　　　　　　　　　　　　　他

2章

視覚系の発達

　本章では、視覚系の感覚器である「眼」を中心に機能の育ちを見ていきます。感覚受容器は、そのほとんどが胎児期に完成し、胎内にいるころから活動を始めます。胎児期20週ほどには、胎内の環境や自分の体について感覚器を通して感覚経験を積み重ねています。

　しかし、胎内では視覚情報を得る機会はほぼないので、視覚はそのほとんどが生後に育っていきます。出生直後の新生児の視界はコントラストが低く、ものの輪郭もぼやけていますが、視性刺激の経験を積み重ねて視覚機能が育っていくのです。多少難しい話になりますが、視覚を担当する眼球や視神経がどのように形成されていくのかということや、視力、両眼視、認知の初期の発達について短めにまとめました。それから、第1部の最後には、教育現場において耳にすることがありそうな視覚機能に関わる用語を簡単にまとめた付録をつけました。簡略な説明なので不足も大いにありますが、そちらも合わせてご覧ください。詳しい内容は第1部の参考文献をご参照ください。

① 視覚器の発生

　体の器官はそれぞれに複雑な構造を持っていますが、視覚器（眼球、眼球付属器）も、複雑で独特な構造をしています。胎生第3週の初めに、中枢神経が神経板として出現し、神経溝から神経管を形成していきます。同じころ、最も初期の視器の原器である眼溝が、神経溝の両側に出現します。これがさらに凹んで眼 小 窩となり、眼球が形成されるもとになります。胎生第4週には神経溝が閉鎖して神経管となり、神経管の頭の方の端には、前脳・中脳・菱脳が見られます。前脳は、大脳半球を形成する終脳と眼杯および眼茎、下垂体、視床、視床下部などを形成する間脳からなります。眼小窩はこの前脳から外に向かって突出して眼胞となり、胎生第10ヶ月にかけて眼球が形成されていきます。このように、視覚器は妊娠初期から脳と密接な関係を持って形成されます。

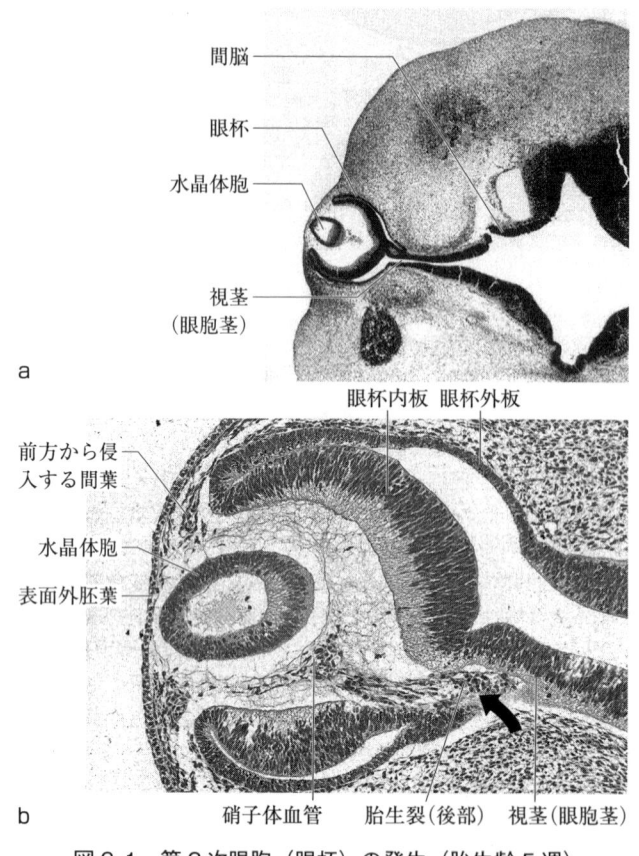

図2-1　第2次眼胞（眼杯）の発生（胎生齢5週）

a. 中枢とつながる全体像。
b. 初期眼球の形式、表面外胚葉から水晶体胞が分離、眼杯は内板（将来の神経網膜）と外板（将来の
　　網膜色素上皮）からなり、胎生裂後部から硝子体腔に血管が侵入（黒い矢印）、前方からも間葉細胞
　　が侵入（将来の虹彩）。
転載）木下茂・中澤満・天野史郎編（2013）『標準眼科学　第12版』医学書院、p. 221、図13-6-a。

② 視力の発達

　網膜の、視細胞（錐体細胞）が密集した一番視力の高い場所を黄斑部中心窩と呼びますが、新生児には明確な中心窩が存在せず、外界はぼやけた状態で捉えられています。この黄斑部中心窩が育ってくるのが生後6ヶ月ごろで、中心窩固視が可能になり成人並みの視力が発達していきます。

　また、脳の一次視覚野（眼からの信号をはじめに情報処理する脳の部位）は、生後2ヶ月から4ヶ月にかけてニューロン（神経細胞）の量やシナプス（神経細胞と神経細胞の接合部）の密度がともに急速に増えていきます。ニューロンの量は生後4ヶ月で大人と同じレベルになり、シナプスの密度は8ヶ月で最大、そして1歳を過ぎるとよく使う回路が残り、あまり使わない回路は徐々に減少し、11歳ごろにほぼ大人と同じ量（最大値の60％程度）に落ち着きます。一次視覚野は、脳の他の部位と比べても生後のシナプス増加と減少が大きい部位です。

③ 視機能の発達

　見るものにピントを合わせる調節は、毛様体筋の発達に合わせて、生後3〜4ヶ月までに可能になるといわれています。眼球運動は、生後4ヶ月くらいまでに手で視物に触れることができ、すばやい水平共同運動が見られます。生後6ヶ月くらいまでには正確になってきます。寄り目（輻輳といいます）は、生後1ヶ月くらいからその試みが時々見られます。生後2〜4ヶ月で眼前12 cm 程度へ輻輳が可能となり、6ヶ月くらいまでにかなりの幅の輻輳が可能になります。立体視は、生後5歳から8歳くらいまでに成人並みの立体視（両眼視差弧度約40秒）が完成するといわれています。

④ 両眼視の発達

　ものを見るときに、左右2つある眼があたかも一つのものであるかのように機能することを両眼視と呼びます。両眼視が成立する臨界期は、ヒトでは生後6ヶ月くらいから約9歳まで、特に2歳から4歳頃がピークであるとされます。

　生後3ヶ月半未満の乳児では左右の眼に映った像は重なった状態で見えており、4ヶ月ごろに立体視への感受性が急激かつ突然に発達するとみられています。このように両眼に映る像を融合させた状態で感知する力は生後3〜6ヶ月に現れ始め、2〜8歳くらいまでに完成するのです。

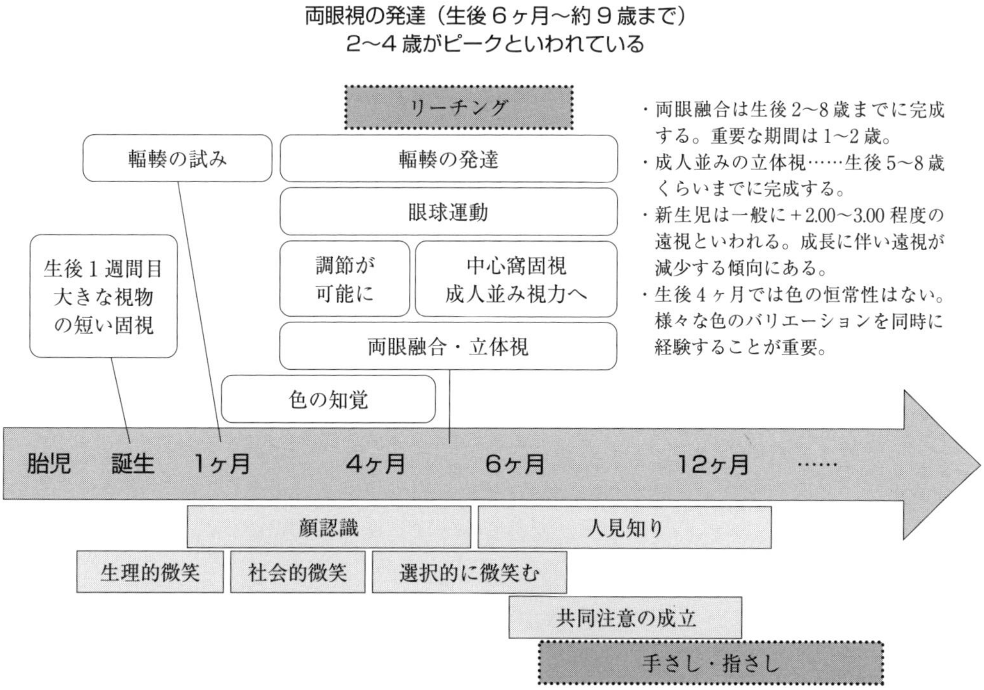

両眼視の発達（生後6ヶ月〜約9歳まで）
2〜4歳がピークといわれている

図 2-2　視機能の発達

出所）筆者作成。

両眼視の発達には、脳の視覚野に、両眼からの情報に反応する細胞がなければなりません。脳の視覚野の細胞が視性刺激に反応するようになるには、光の量の問題ではなく外界の視物が網膜に結像しなければならないことがわかっていて、斜視で両眼の視線を一致させた状態でものを見ることができなかったり、眼を交互に遮断して両眼に同時にものを見ることをできなくさせたりすると、単眼に反応する細胞のみが正常に機能し、両眼に反応する細胞は減少してしまうことが動物実験で示されています。

⑤　色 の 知 覚

　色の知覚もものごとの理解に大切な役割を持っています。赤と緑の区別は生後2ヶ月でできますが、網膜の光の刺激を感知する視細胞のうち青の知覚に関わるS錐体の発達が遅く、青が関わる色の区別は生後4ヶ月以降となります。色が見えているときには明るさの感覚も伴っていて、明るさから色を推定することもしています。明るさや照明の種類など、環境が異なるところで色味が変化しても、赤なら「赤」とわかるという色の恒常性には経験が重要で、生後4ヶ月では色の恒常性はないと考えられています。様々な色のバリエーションを同時に経験することが色を見るためには重要なのです。

⑥　物 の 操 作

　1人で座ることが可能になる生後6ヶ月ごろには、外界の対象物に対して手を伸ばすリーチングが見られるようになります。これは対象物を自身で操作しようと手を伸ばす、外界への働きかけで、眼と手の協応の始まりです。ちょうど視力の精度が上がり両眼視による立体視ができるようになる時期で、対象と自分の間の距離がわかるようになってきます。

　扱う対象は1つから2つへ、また無目的に操作することから、持っているものを人に渡すなど目的的な操作へと発達していきます。

⑦　形や運動の知覚

　運動視と形態視では、運動視が先に発達します。そして、立体視の感覚が急激に発達してくるといわれる生後4ヶ月ごろには、ものの立体構造を知覚できるといわれています。

　運動情報は、脳の後頭葉から頭頂葉に向かう背側経路で処理されます。発達障害では、運動視に障害を持つことが多いといわれ、ものごとの変化を感じ取ることが難しいと考えられます。奥行きの知覚は、ものが近づくことにより網膜に映る像のサイズが大きくなってくる、ということや、光学的流動（移動することにより景色が変わっていく）の刺激で育っていくと考えられます。形の情報は、後頭葉から側頭葉への腹側経路で処理されます。主観的輪郭という、イメージの中でのものの形の輪郭は、運動情報が加われば3ヶ月ごろから知覚することが可能だといわれています。そして、全体的に似ているものを仲間であると考えることもできるようです。これは、はじめて

見るものや覚えたものを分類していくカテゴリー形成に関わる大切な力です。

⑧ コミュニケーション

　生後2〜3ヶ月ごろに「社会的微笑」といわれる、目覚めた状態で人の顔に向かってほほ笑む様子が見られます。この月齢では、黒い2つの点のように人間の顔らしさを持った刺激に対してもほほ笑むそうですが、養育者の応答で相互のやりとりが活性化され、生後4〜5ヶ月ごろからは、親しい人にだけ選択的にほほ笑むようになります。そして、個人差はありますが、早い子どもでは生後6ヶ月以降、様々な顔を読み取る力が完成してきて人見知りが出るようになります。

　また、共同注意が成立していく第1段階である「共同注視」は、生後2ヶ月ごろの乳児が大人と視線を合わせる行動として表れます。その後、自分が好きなものを勝手に見る段階へ進み、そこに大人が働きかけることで、徐々に乳児と大人の間に心の共有状態ができてきます。これが第2段階の「共同注意」のめばえで、生後9〜10ヶ月ごろには、自分―対象―他者の三者間で、二者が同じ対象に注意を向け合い、その対象に関連して心の交流を行う状態が成立します。指さし（または手さし）、自分のしたことを見せる、相手にものを渡す、対象と大人を交互に見るなどの行動に表れます。この共同注意の成立により、大人が指さし、発する言葉が指すものが何か、ということや、視線の意図と言葉の理解から、言葉とコミュニケーションが獲得されていきます。

　このように、視力や眼球運動の基礎は生後から1年程度で大まかにでき上がり、両眼視は幼児期・学童期にかけて発達していきます。また、視覚系の機能的なところだけではなく、運動面や認知面もともに発達していきます。特に新生児から幼児期はこの感覚の発達にとても重要な時期であり、なるべく広い環境で大いに動き回りながら、力を育んでいきたいものです。

3章

ビジョントレーニングの3つの要素と視覚機能の関係

本章では、教育の場において実施可能かつ重要と考えられるビジョントレーニングの要素を3つの分類で説明していきます。第2部と共通で北出の分類を用いることにします。

① ビジョントレーニングの3つの要素

ビジョントレーニングは、単なる「眼」のトレーニングではありません。「視覚」という感覚機能を通じて、外界の情報を十分に引き出し、それに伴って適切な運動・動作ができるよう脳活動を高めるトレーニングです。

〈ビジョントレーニングの3つの要素〉
①眼球運動（眼で映像を捉える入力機能）
②視空間認知（眼から取り込んだ情報を認識する機能）
③眼と体のチームワーク（眼と手の協応：視覚情報をもとに体を動かす出力機能）

①眼球運動は、見たいものに適切に視線を合わせて、視覚情報を取り込む入り口となる機能です。目標物を捉えるこの機能がスムーズかつ正確に働かないと、見るべきものを見失ったり、見落としたりしてしまいます。眼球運動には意識的に行う随意運動と反射で起こる不随意運動がありますが、よく見ることを促すことで、随意的な眼球運動の「追従性眼球運動（Pursuit）」と「跳躍性眼球運動（Saccade）」にアプローチしていきます。追従性眼球運動はゆっくり動くものを滑らかに追いかける視線の動きで、跳躍性眼球運動は視物から視物へジャンプするようなすばやい視線の動きです。

また、両眼で行う眼球運動を左右の眼が動く方向の組み合わせで分類すると、両眼が右や左など揃って同じ方向を見る「共同運動」と、寄り目（輻輳）のように両眼が対称的に動く「離反運動」に分けられます。北出はこの両眼眼球運動を「両眼のチームワーク」と呼んでいます。

このような動きがスムーズに成り立つことは、両眼立体視など精度の高い両眼視が成立するために必要なものです。屈折異常や斜視や弱視、傷病など、精度の高い見え方を妨げる眼科的要因には様々なものがありますが、そこには大きな問題がなく機能的・器質的に可能な状況であれば、両眼のチームワークがスムーズに働くことは、視覚系で情報を取り込むにあたってとても大切なことだといえるでしょう。

②視空間認知は、1章で述べた視覚情報処理にあたる機能で、色や形の理解や、空間認識、動

きがわかることなどをまとめて表しています。眼で受け取った光の情報が視神経を通り脳に送られて情報処理され認識されます。生後、形を見たり体を動かしたりという様々な活動を通じて育っていく力で、いうなればものごとが「同じ」か「違う」かがわかるといった、視覚の大切な役割を担います。

③眼と体のチームワークは、視覚系から得た情報をもとに適切に体を動かすという視覚と運動の統合で、眼と手の協応ともいわれます。たとえば、タイミングよくラケットでボールを打つ、折り紙の端を合わせて折る、など眼で捉えた状況に対して体の動きが適切にできると、いろいろなことがスムーズに行えるようになります。

目標の位置を自身の周りの空間に定める「定位」は視覚系の役割です。そして、この視覚系の働きとともに、自身の体の状況を捉える感覚が重要な働きをすることになります。前庭感覚（バランス感覚）、固有感覚（筋肉や腱、関節の動きなどの刺激に対する感覚）、聴覚、触覚など自分の体に関する感覚により自分の体の傾きや大きさ、力の入れ具合などを感じ取る、自分の体に関する総合的な認識をボディイメージといいます。この働きが眼の位置を中心にして、自身の体が空間のどの位置にあるかを感じ取る役割をします。そのおかげで、自分の手や足など体の位置をいちいち確実に眼で見て確認せずとも、対象物に対して動作をすることが可能になるのです。体の状況を捉える感覚が弱いと、身体各部のうち視覚的に見えない部分は存在しないに等しいような感覚になり、適正な動作を行うことが難しくなります。

トレーニングを行う際は、これら3つの要素を意識しながら子どもたちの状態を把握し、能力の獲得・向上を目指します。状態把握には、1章の章末に紹介したビジョントレーニングの書籍に載っているようなチェックリストの活用も役立つでしょう。

また、これらの認知に関連する機能に対して、視機能は十分に働くことができているかどうか、という観点も重要です。たとえば、視力が低いと細かい対象物の区別をすることが難しくなりますし、ピント合わせをスムーズに行うことができなければ、手元を見たり離れたところを見たりといった、視線を移すときの情報収集に時間がかかってしまいます。ですので、見ることについての機能的な側面の働きはどうかという観点での状態把握と改善も合わせて考えることが大切です。

しかし、こちらの観点からのチェックは、教育の現場で詳しく実施するのは難しいかもしれません。専門的な観察とトレーニングを行うには、眼の成り立ちからそのつくり、視機能、レンズ等々、光学や医学などの様々な分野にまたがる知見を学ぶ必要が出てきます。何年もかけて学ぶような内容の説明をここで始めてしまうと、ビジョントレーニングと教育の有機的結合を目指すという本書の目的になかなか戻れなくなってしまいます。そこで、下記の3つにポイントを絞って観察していただき、お気づきの点があれば、相応の専門機関にご相談いただくとよいでしょう。

①離れたところを見る「遠見視力」、手元を見る「近見視力」はともに良好か
②両眼が同じ方向を見ているか
③寄り目がうまくできるか

①の「遠見視力」は学校での視力測定の結果にて簡易に確認できます。「近見視力」は手元のとても細かい文字が精度よく見えているかを確認することで代用できます。第2部5章の簡易の近見視力検査表（p.36）もご活用ください。眼から40cm離れた位置にある1mm角くらいの小さいひらがながパッと判読できるならば、ひとまず近見視力に大きな問題はなさそうですが、じっくり見たら読めるようになってくる、といった様子ではあまりよい状態とはいえません。②と③については後述の定位と追従の観察で一緒に観察できます。

②　視覚の働き

　それでは、前述のビジョントレーニングの3つの要素の意味について、視覚系の役割や注意、運動、認知などの側面からもう少し掘り下げてみることにしましょう。

　「視覚」は、光を感知し、その情報を引き出す感覚です。一般によく知られている視力だけではなく、眼で受け取った光の情報を脳に送り、明るさ、形、大きさ、動き、色、奥行き感覚などの非常に複雑な情報を分析・統合して知覚・認知するという一連の流れです。

　視覚系は、私たちが環境の中で状況に即した行動をするために、情報を収集する働きをしています。その最も基本となるのが「定位と追従」です。定位行動は視覚情報に基づいて関心のある空間位置に眼や顔、体を向ける行動で、追従は動いていく対象物を視線で捉え追視し続ける運動です。

　そして、複雑な視覚情報の中から必要な情報に注目するのが、注意（attention）の働きです。注意は「スポットライト」にたとえられることがあります。注意を向けると、一般にはその対象をすばやく正確に見つけやすくなったり、見分けやすくなったりします。注意が十分に向けられていない対象物は、意識的な知覚すらしないという研究もあります。視線と注意は一致していることが多いのですが、カフェでコーヒーをこぼさないように気をつけながら空いている席を探すときのように、視線を向けていないところにも注意を向けることはできます。

　それから、意図的な教えや学びの成立には、コミュニケーションの発達として、他者と注意を共有する力である「共同注意」の成立も欠かせません。これは単に他者と同じものを見る「共同注視」の状態からもう一歩レベルが進んだ段階で、互いが同じ対象に注意を向け合い、その対象に関する心の交流を行う状態です。2章でも述べていますが、生後9ヶ月ごろにはこの「共同注意」が形成されるといわれており、これにより他者の意図を理解し、自分の世界を広げる「学ぶ」ことができるようになります。この共同注意の成立までの発達過程やその意味を知っていると、子どもの状態を理解し、判断するのに役立ちます。眼球運動のアセスメントを行うときに、この視線の共有や、意図の共有ができているかについて見ておくことも大切な観点であるといえます。

　つまり、眼球運動は、ものごとの認知や意図の理解に対して視線の運びを担当する重要な機能といえます。眼球運動は、外眼筋と総称される6本の筋肉の働きで行われます（図3-1）。運動を司る高位の中枢は大脳に2つあり、1つは前頭葉眼球注視中枢（ブロードマン8野）で、随意性の眼球運動と追従性の衝動性運動を司っています。もう1つは後頭葉の視覚連合野（ブロードマン18野、19野）で、眼球の不随意運動と追従運動を司っています。視覚連合野は、眼で受け取った光の情

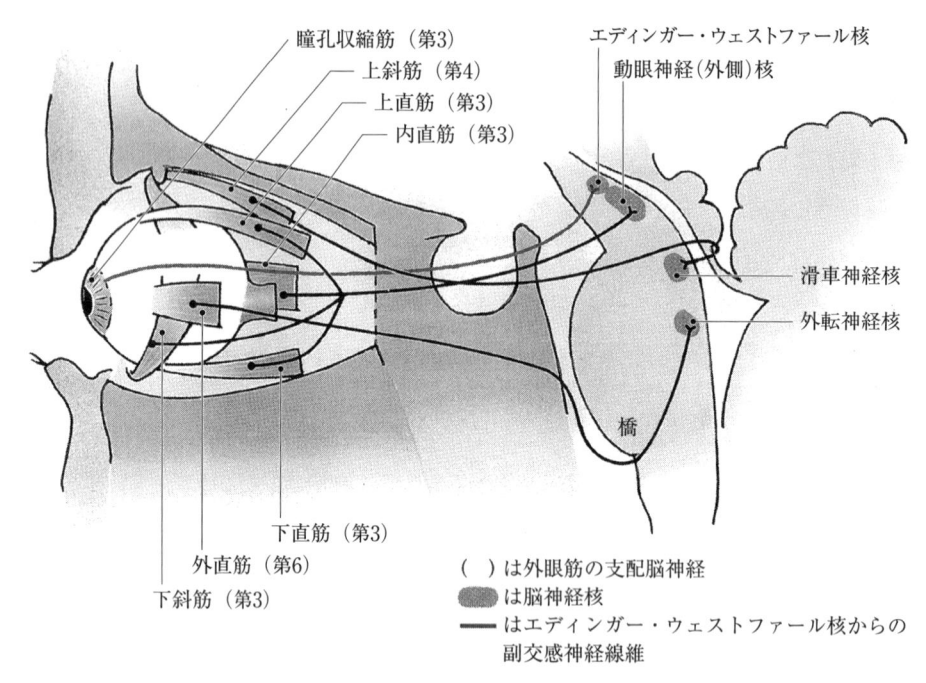

図 3-1　外眼筋と神経支配

転載）馬場元毅（2009）『絵でみる脳と神経―しくみと障害のメカニズム―　第3版』医学書院、p.163、図5。

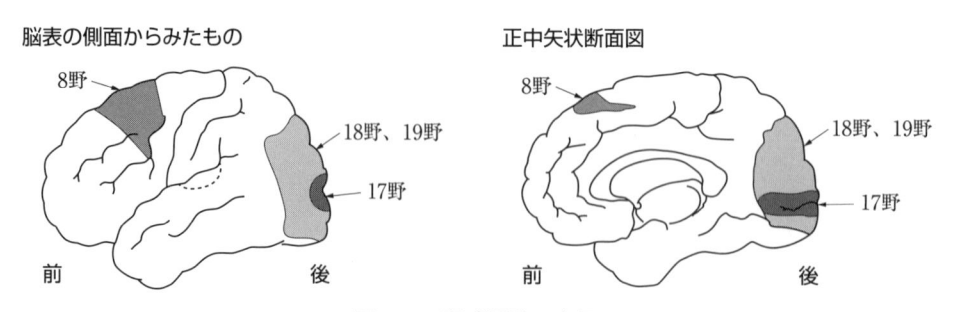

図 3-2　眼球運動の中枢

転載）馬場元毅（2009）『絵でみる脳と神経―しくみと障害のメカニズム―　第3版』医学書院、pp.26、28 より作成。

報が視神経等の視覚路を通ってたどりつく視覚野（有線領、ブロードマン17野）の周辺にあたります（図3-2）。さらに眼球の水平運動、垂直運動に関係する皮質下中枢は橋と中脳にあり、橋の傍正中橋網様体という部位も重要です。そしてこれらの支配下に下位の運動中枢である動眼神経核、滑車神経核、外転神経核があり、それぞれは内側縦束で連絡統合されています。眼球運動のトレーニングは、脳における眼球運動を司る部位の活性化にもつながるのです。

　視空間認知や眼と体のチームワークは、ものごとを理解し、それに働きかける役割を担います。

　視覚機能の「同定」という働きとも呼ばれますが、私たちは外界の事物に対して、そのものの持つ情報を感覚で捉え（知覚し）、記憶に照会して理解（認知）していきます。視覚だけではなく多

様な感覚のつながりをもってそのものが何かを捉えていくその積み重ねが学習です。

　形の要素には、大きさ、長さ、位置、傾きなどがあります。しかし、私たちは通常、そのような要素がバラバラに見えているわけではありません。ゲシュタルト心理学では、ものをまとまりとして見る働きを「群化」といい、8つの要因がまとめられています。

　①近接の要因…近くにあるものをまとまりとして見る傾向

　②類同の要因…似た形をまとまりとして見る傾向

　③閉合の要因…閉じた形をまとまりとして見る傾向

　④よい連続の要因…滑らかなつながりをまとまりとして見る傾向

　⑤よい形の要因…四角や三角、丸など、単純・規則的・対照的な形が生じるように見る傾向

　⑥共通運命の要因…同時に同じベクトルで動くものをまとまりとして見る傾向

　⑦客観的構えの要因…観察者の構えによって生じるまとまりの傾向

　⑧過去経験の要因…以前の知識からまとまりとして見る傾向

　そして、形に見えるかあいまいな場合には、積極的に「よい形」に見ようとする力が働きます。この力は、見えているものを秩序立てるのに役立っていて、第3部に述べられていますが、学習に大きく関わってきます。

　ある要因により群化するということは、他の要因からすると別の分け方でまとまりを作る分節だということです。これは発達の過程で変化していきます。過去経験の要因は、よい連続の要因やよい形の要因より影響が弱いといわれていますが、何をよい連続やよい形とするかは、全体を認識する力にかかってくると考えられます。たとえば、図3-3のように模写で違いが出ると「同定」に個人のズレが出てしまい、ものごとの共通理解が成り立ちにくくなるでしょう。

　眼で捉えた情報をもとに適切に手を動かす、眼と体のチームワークの始まりは、2章で述べたように、生後6ヶ月ごろから始まるリーチングに見られます。また1歳ごろまでの発達過程で見られる運動は、①胎児期に始まり生涯続く運動（呼吸やしゃっくりなど）、②乳児期の特定の時期になると現れる運動（随意運動）、③胎児期から新生児期に始まり、その後乳児期の間に見られなくなる運動（原始反射やジェネラルムーブメント）、④胎児期から新生児期にかけて見られ、一度見られなくなった後に、似たパターンの随意的な運動として再び現れるもの、の4つに分類され、乳児期にはこのような経過で随意運動を獲得していきます。そして、育つにつれ様々な動きを経験することによって、動きを身につけていきます。適切な動きを獲得するに足る運動経験がなされていないのであれば、トレーニングとして丁寧に動きを捉えていくことで獲得を促す必要が出てきます。

　「見る力」に弱さがあると考えられる子どもでは、眼球そのものや眼球を動かす外眼筋などに疾病等がなく視力が良好な場合でも、ここまでに述べたような視覚系においての学びの一番基本となる力に弱さが見られることがあります。

　トレーニングの刺激を通じて脳が活性化され、子どもたちの定位と追従が成立してきたり、トレーニングを通じたやり取りで共同注意が働くようになってきたりすると、日常の活動の中でも

| 課題 | 11歳2ヶ月Aくんの模写 | 10歳6ヶ月Bくんの模写 | 11歳6ヶ月Cくんの模写 |

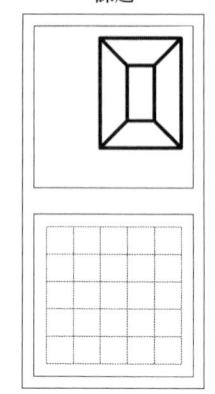 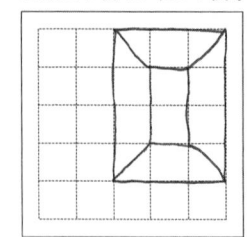 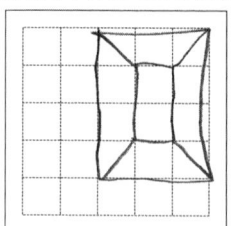

普通学級で学ぶ子に模写してもらいました。
・Aくんは、台形を4つ組み合わせて構成しました。上、左、下、右の順で描いていきました。
・Bくんは、少し線が曲がっていますが大小の長方形を描き、それぞれの角をつなぐ斜線を4本描き足しました。
・Cくんは、Bくんと同様に長方形から描こうとしましたが、見本と同じ位置や大きさに構成することが難しかったです。うまく描けていないことに気づいて、左側に描きなおしましたが、やはりサイズが小さいままでした。
模写が苦手なのはCくんのようですが、BくんとCくんは同じ説明で形を理解することができそうです。一方、AくんとBくんは、結果として同じ形を描けますが、全体やパーツの分け方・見方が異なるといえそうです。Cくんの苦手は気づかれやすいですが、それぞれに理解の仕方が異なることには気づきにくいかもしれませんね。

図3-3　形の認知

注）課題イラストは武田契一監修、奥村智人・三浦朋子（2014）『「見る力」を育てるビジョンアセスメント WAVES』学研。

自然と視覚機能を働かせ、視覚系からの情報収集と活用ができるようになってきます。共同注意が十分に働くようになることは、コミュニケーションの向上、言葉の獲得にもつながります。また、ものの捉えも、意味理解を伴って認識できるようになると、誤解の少ないやり取りが可能になります。ビジョントレーニングは、こういった力に弱さがある子どもたちへの働きかけの一つにもなるでしょう。こうして、トレーニング外の時間でも視覚機能を使う経験がよりよく積み重ねられることになり、視覚機能が発達していくためのよい歯車が回り始めます。

〈コラム〉平面に描かれた立方体図版の模写

　下図は立方体の透視図を模写してもらったものです。絵がうまく描けないと悩む１人の生徒が、中学１年生のときと２年生のときにそれぞれ描いたもので、立体の構成ができるようになったことがわかります。

　この間の視覚系、運動系へのアプローチは、メガネの装用、両眼立体視、タングラムのようなパズル、体幹と体軸、四肢の感覚と運動、手指の感覚と運動です。ビジョントレーニングの場としては、１回目の模写から２回目の模写を実施する間に、立方体の描き方の練習は行っていません。

　１年間という期間での自然な発達の影響もありますが、トレーニングによる刺激も受け、形や空間（立体）を捉える感覚とそれを描き出す運動が、よりよく統合された結果であろうと考えています。

　先行研究に、小学校低学年において立方体模写と漢字書字との比較を行い、立方体模写が運筆表記を伴う視空間認知の発達指標となりうるとする研究（大伴、2009）、描画運動学習において、動作対側体軸訓練の運動性向上効果を調べた研究（鈴木、2010）があります。この生徒においては、１年生時の内省的報告で見られた不安感が、２年生時には言葉としては出てきませんでした。鉛筆の線も力みが取れていることが見て取れます。苦手なことに対して、そのこと自体を反復練習するのではなく、認知・運動面などその活動を構成する要素からアプローチすることの意味がここにあるといえるでしょう。

学年	１年生時	２年生時
内省的報告	難しい よくわかりません 不安です 力みがあります	難しいけど描けました
見本	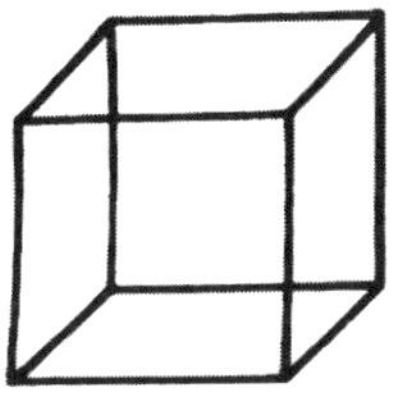	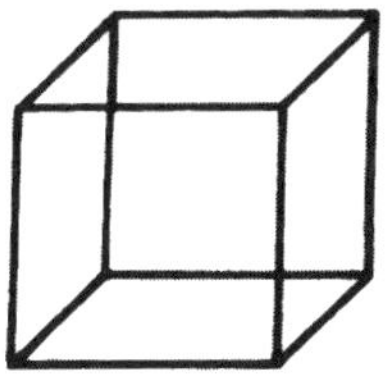
模写		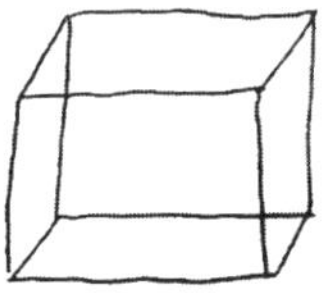

4章

基本の観察とビジョントレーニング

① 定位と追従の観察とトレーニング

視覚の機能についての観察（アセスメント）を行うときには、まず3章で述べた定位と追従の状態を確認します。指導者が提示するターゲットに注目することができるか、自身が遊んでいるおもちゃ、転がるビー玉などから視線を逸らすことはないか、などの観察です。ビジョントレーニングにおける最初の観点である定位と追従の成立について、提示したターゲットへの共同注視や指導者の意図を共有理解しているかどうかを通じて、共同注意の成立も合わせて見ることになります。

提示されたターゲットに対して、注意を向けてじっと見る（注視）、ゆっくり動くターゲットを視線で追いかける（追従）などの力が十分に働かなければ、視覚系から得られる情報を取りこぼすことにつながるでしょうし、他者の意図理解が弱ければ、得られた視覚的情報は意味の理解につながる情報になりにくいでしょう。

1）観　　察

はじめに、指導者が持っているターゲットにどの程度注目できるかを見ます。顔から30cmくらいの位置にターゲットを提示して、正面と、正面以外の位置（左右前方など）を確認し、得意な視野があるかどうかも見ておきます。ターゲットに注目できない場合は、提示するターゲットをもう少し関心を持てそうな光るものや動くもの、好きなキャラクターなどに変えてみたり、ターゲットを指さしながら見るように指示したり、ビー玉遊びや積木遊びをしてもらったりして、どのような状況であれば注視が可能かを確認します。ここに共同注意の観点が入ってきます。

提示したターゲットの注視が可能であれば、次に、ターゲットをゆっくり動かして追視することを促します。また、3章で述べた視機能の観点で、両眼が同じ方向を見ているかと、寄り目がうまくできるかという項目がありました。これらについても確認し、気になることがあるときは専門機関にご相談ください。

ターゲットの動かし方は、顔から30cm程度離れた位置で、視線の高さで水平方向、顔の正面で上下方向、鼻先の高さ辺りを中心とした直径30〜40cm程度の大きさの円を描くような動きを基本に、斜め方向、顔の斜め前で上下方向、額の高さや顔より下の高さで水平方向にも動かしてみます。このときに、ゆっくり動かしているターゲットをどのように追視しているかを観察します。体も顔もターゲットの方に動いているのか、体は安定して止まっていて顔はターゲットに向けて動いているのか、体も顔もほとんど動かさず、滑らかな視線の動き（追従性眼球運動）ができ

ているか、という観点で状態を把握しましょう。さらに、このとき正面からターゲットを眉間に近づけていくと寄り目のチェックができます。顔から 10 cm 以内に近づけても両眼の視線がターゲットに向いて寄り目ができているかどうか見ておきましょう。続けて、ジャンプするようなすばやい眼球運動（跳躍性眼球運動）を観察します。2種類のターゲットを顔から 30 cm 程度離して提示し、指示に合わせてターゲットを交互にすばやく見てもらいます。左右、上下、斜め、奥行きのそれぞれの方向で行います。

　スムーズで上手な眼球運動は、視線の移動のために体や頭を動かすより、速くて精度がよく、使われるエネルギーが少なくて済みます。観察するポイントは、指示通りに行動できるか、視線移動に伴う体や頭の動きはあるか、移動のスピードはどうか、ターゲットを捉える精度はどうか、です。

　「注意」の能力というのは、その使える力に限界があります。たくさんのことに分けて注意を向けるとそれぞれへの注意は薄まります。いろいろなことに同時に注意を向けるのは難しいことなのです。よそ見をしていてぶつかる、というのも、そのよそ見の先に注意が使われて、周りのものや人に向ける注意が薄まってしまったということです。

　注意して視線移動をしないと見るべきものを見失ってしまう、というとき、「見ること」に注意が使われて、先生の話を聞いていなかったり、状況の把握が途切れてしまったりします。そこに、たとえば外国語の文などで、単語や文、音や意味のカタマリとして捉えることや内容を理解することが未熟であるという要素も加わると、これはもう大変です。どこを読んでいるかわからなくなる、というのはこういう要素が相まって起こるのです。

　そこで、読み飛ばしなど学習場面における課題について、もし眼球運動がスムーズに精度よく機能していないのであれば、まずはそこから鍛えようということになります。視覚への刺激に対してすばやく反応し、能動的に感覚を使って情報を汲み取るために、機能を高めていくのです。

2）トレーニング

　定位、追視が十分に行えない場合、まずは「ものを見る・触る」ということの成立を狙ってトレーニングをします。ものに触る、ものを取る・放す、ものを穴に入れる、という行動を促す遊びの中で、「ものの位置を捉えてじっと見る（注視）」「動くものを追視する」という力を育てていきます。

　具体的には、向かい合った指導者が出す手のひらにタッチをするゲームや、ボールやビー玉を転がしたり穴に入れたりするおもちゃや、ゴムひもをつけたお手玉などを使ってタッチしたりよけたりすることなどでたくさん遊ぶようにします。また、このときに「○○しない」という、「積極的にやめる（NO-GO）」の行動も入れておくと、抑制の要素も入ったトレーニングになります。たとえば手のひらにタッチするゲームを行うときに、パーの手にはタッチするが、グーの手には何もしない、というような「しない」の入ったルールを決めて行うということです。

　特に低年齢の幼児・低学年の子どもたちには、第2部で紹介する運動遊びのように、身体の動きとともに視覚的注意・眼球運動を育てていきたいものです。

　次いで、指導者が提示しゆっくりと動かしていくターゲットを注視・追視するトレーニングを

行います。ここでは前述の **1）観察**で紹介したように、ターゲットを動かし追視してもらうことを基本の動きとします。同様に、すばやく視線を移動する跳躍性眼球運動のトレーニングも行います。こちらも **1）観察**で紹介したようにターゲットを2つ提示し、交互に視線移動をしてもらうことが基本の動きです。そこにメトロノームで一定のリズムを保ったりスピードを上げていったり、不安定な足場でバランスを取りながら行うなど負荷を高くしていくと、ハイレベルなスポーツ選手のトレーニングにもなり得ます。

　視覚的注意が弱く眼球運動が苦手な生徒に、眼球運動トレーニングを1分間集中して実施したところ、その後すぐに15分間ほど眠りに落ちてしまったことがあります。この生徒は、毎日トレーニングを継続してもらうことにより、集中しては眠るという状態を繰り返しながら、半年くらいで眼球運動が安定的になって、見るべき箇所に精度よく注目するように活動をしても眠りに落ちることはなくなりました。このようにトレーニングを行う際には漫然と何回も繰り返すのではなく集中できる瞬間を作り、トレーニングに十分な負荷が得られるようにすることと、少しずつ積み重ねることが重要です。

　また、両眼のチームワークの簡単な観察と基礎的なトレーニングとして、「ブロックストリング」も合わせて紹介します。こちらも応用範囲が広いトレーニングですが、注視や両眼視ができにくい状況の子どもには実施が難しいので、無理に行うことは控えてください。

　このトレーニングでは、図4-1のような、ひもに玉を通したツールを用います。紙に直線と点を描いたものでも代用できますが、ひものほうが実施しやすく、また応用もききやすいです。ひもの一端を両眼の間に保持し、もう一方の端はトレーナーが持つか壁などに固定して行います。

　ターゲットとなる1つの玉に両眼の視線を合わせてもらい、図4-2にあるよい見え方をして

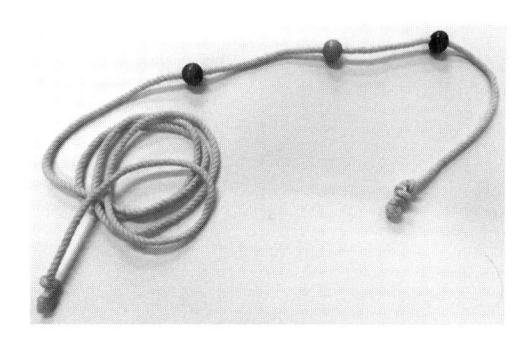

図4-1　ブロックストリング

よい見え方	よくない見え方

見ている玉が1つ
その玉の中心で、2本のひもが
クロスしているように見える
（他の玉は2つ見える）

①見ている玉が2つ見える………両眼がうまく一緒に働いていない
②ひもが1本しか見えない………片眼で見ている
③ひもが途中から1本になる……途中から片眼が働いていない

 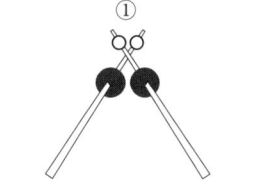  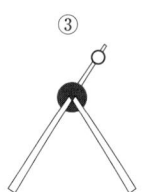

図4-2　ブロックストリングの見え方

出所）筆者作成。

いるかを確認します。よい見え方は、玉が1つでその玉を中心にひもがクロスしているように見える状態です。両眼の視線が玉のところで一致していないと、玉が2つに見えます。また、片眼で見ている場合には、玉1つ、ひも1本という見え方になります。

ブロックストリングをトレーニングに使うときは、主に3章で述べた離反運動における追従性眼球運動と跳躍性眼球運動を練習することになります。いろいろ応用はできますが、ここでは基礎的な動きを説明します。

玉を3〜5個程度ひもに通しておき、一番顔に近い玉を顔から5cm（〜10cm）程度に位置させます。そこから20〜30cm離したところに2番目の玉、さらに20〜30cm離して3番目の玉、と顔から距離を置きながら玉を配置します。それぞれの玉で、正しい見え方ができるかどうかを確認し、苦手な位置を把握します。ひもはクロスして見えるのに一番近い玉が1つに見えない、という方は寄り目に苦手さがあります。

追従性眼球運動のトレーニングでは、ひもの交点を意識しながら玉から玉へゆっくりと視線を移動させます。このとき、不慣れなうちは、トレーナーが指でひもをたどってその指の動きに合わせて視線を移動させましょう。手前から奥、奥から手前というように繰り返し移動させます。

跳躍性眼球運動のトレーニングでは、玉のところでしっかりとひもがクロスしているように見えることを意識しながら、玉から玉へジャンプするように視線を移動させます。こちらも手前から奥、奥から手前、と順に視線の移動を繰り返します。メトロノームに合わせて一定のリズムで行ったり、ひもを斜めに張るようにしたりすることで、レベル調整をします。

最もハイレベルな状態は、このブロックストリングのツールを用いなくても、あたかもひもと玉があるかのように自在に視線を移動させることができるということです。

両眼のチームワークに弱さがあると、行を読み飛ばしたり、書いてあることを見落としたりするなど、視覚から情報を得るのが苦手になる場合があります。不注意さによるミスが多いと思っていたり、目が疲れやすいと思っていたりする方の中には、両眼のチームワークを整えることで状況が改善する方もいます。子どもにも大人にも、日常生活レベルでもスポーツ選手レベルでも使えるトレーニングですので、状況に応じてレベル調整をしながら取り組んでみてください。

② 視空間認知・眼と体のチームワークの観察とトレーニング

眼と体のチームワークが弱い場合、筋肉の緊張が適正でない、運動面の獲得の問題が大きい、体や動きを認知する感覚、前述のボディイメージに弱さがある、空間内の位置の捉えに弱さがあるなど様々な要素が考えられます。

1) 観　　　察

眼と体のチームワークについて、まずはボディイメージの発達をチェックします。対象児が眼を閉じた状態で、指導者が対象児の腕や脚に順番に触れていき、触れた箇所を動かしてもらいます。立ったまま行うこともありますが、仰向けに寝かせて行うこともあります。順序は、①両腕を同時に、②片腕や片脚を1ヶ所ずつ、③右腕右脚、左腕左脚の組み合わせ（同じ側の腕と脚）を

同時に、④右腕左脚、左腕右脚の組み合わせ（反対側の腕と脚）を同時に、の順で行います。①は4〜5歳レベル、②は5歳レベル、③は5〜6歳レベル、④は6〜8歳レベルとされます。

　そして、吊り下げたボールを手で何度かタッチしてもらったり、足でキックしてもらったりする様子や、視覚認知に関するテストに含まれる、鉛筆で線をなぞったり、形をなぞったりする課題やそれに取り組んでいるときの様子、バランスをとるテストなどから総合的に判断します。

　形の捉えなどについては、視覚認知に関するテストを用いることができます。日本人で標準化された視知覚・視覚認知のテストに、『「見る力」を育てるビジョンアセスメント　WAVES』（奥村・三浦、2014）があります。小学1〜6年生を対象として、学習に関連する「見る力」について幅広く評価できる内容です。教育現場で使いやすいように集団実施、個別実施ともに可能な設計になっています。

　WAVESでは、下記の項目について評価をすることができます。

　・視覚的注意、眼球運動　・眼と手の協応　・視知覚　・視覚性記憶　・図形構成

　発達検査や認知検査を用いることができる場合は、その下位検査の中に視覚認知の課題があるので、その結果に基づいて仮説を立てることができます。

　また、海外のテストツールですが、Visual Motor Integration（VMI、視覚−運動統合発達検査）というテストがあります。図形の弁別、模写、運筆の課題がありますが、筆者は主に模写を使用しています。模写は、視覚からの情報に基づき自分の運動として形を構成する力や視覚的な認知能力、その発達を判定できるように作られたテストです。眼から入力した情報を処理して、自身で再構成（出力）する力を見ることができます。1〜2歳ごろはなぐり書きの段階、3〜9歳ごろは図式的表現の段階、9歳以後は遠近画法の段階といわれ、年齢に応じた形の捉えができているかどうかとも関連させて状況を把握します。

　このほか、フロスティッグ視知覚検査の第3版である『Developmental Test of Visual Perception 3rd edition（DTVP−3）』や『Motor−free Visual Perception Test 4th edition』、『Test of Visual Perceptual Skills 4th Edition』など、海外で標準化された視覚認知のテスト（版は本書出版時においての最新のもの）があり、それぞれの特徴を組み合わせて用いることもあります。

2）トレーニング

　ここでは、形のトレーニングとして「ジオボード」を紹介します。視空間認知・眼と体のチームワークには運動面も含めて多様なトレーニングメニューがあり、本書では第2部で詳しく述べていますので、そちらを読み進めていただければと思います。

　ジオボードは、図4-3のようにたくさんのピンが立っている透明のプレートに、輪ゴムをかけて形を作るツールです。2枚一組で使うと、トレーナーが作ったお手本をもとに同じように作る、という活動ができます。

　ジオボードの長所は透明なプラスチックで作られているところで、作った形が同じかどうかを重ね合わせて確認ができます。また、見本の提示の仕方や、作るものの指示でいろいろなアプロ

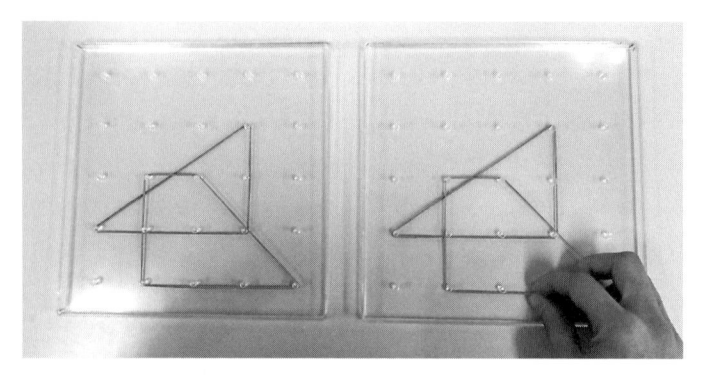

図4-3　ジオボード

ーチができます。

　たとえば見本を2mくらい離れたところに掲示することで、黒板を見るように遠くと近くを繰り返し見ることや、記憶の要素が加えられますし、見本をついたての向こう側などすぐには見えないところに置いて、見に行って覚えてくる、という動作と記憶の要素を加えることもできます。

　ほかに、見本を反転したり回転したりして作るように指示すると、頭の中で形を操作するメンタル・ローテーションという要素も加えられます。

　これは心理学でいう視点取得につながる要素であり、例えば見本を180度回転した状態で回答を作るという課題を出したときに、自分と向かい合った位置に座っている人を想定して、その人の持つイメージを直接的に推測したり、自分と向かい合った位置に座る人の位置に自身が移動したと仮定するメンタル・シミュレーション（自身のイメージを操作すること）を行ったり、対象物をイメージの中で自分に向けて回転させるメンタル・ローテーションで対応したりするような力への働きかけを想定することができます。この力は、ものごとを多角的に見たり、人の立ち位置にたってものごとを考えたりするというような力につながります。

　形を見て捉える力は十分あるのに体の動きとの統合に弱さがある場合、自分の動作によってうまくできていないこと（＝自分の不器用さ）に気づいていて、取り組むことへのモチベーションが保てない場合もあります。鉛筆でまっすぐ線を書くことが難しいのであれば、輪ゴムで線を構成して形を作るジオボードのように、操作しやすいものや、身体活動の楽しさから取り組みへの負担感を減らして力をつけていくことによって、自己肯定感にもつなげていきたいと思います。

〈コラム〉視覚機能のアセスメント

　視覚の機能をアセスメントするにあたっての、筆者の観点を一部紹介します。
　このような観点で視覚機能の働きを評価し、必要に応じてトレーニングを選び、実施しています。

〈視覚機能の重要な役割〉

①ものに注目する力	視覚的注意、眼球運動
②ものを鮮明に、3次元で捉えるもとになる力	視力や調節、両眼視機能
③空間や形、運動がわかる力	視知覚、視覚認知
④視覚情報に基づいて適切に運動・操作できる力	眼と手の協応

- ・視覚的注意の働きはどうか
- ・はっきり見えるかどうか……視力、屈折状態、調節力
- ・ひとつに見えるかどうか……両眼視（輻輳・開散、左右眼の差）
- ・楽に見えるかどうか……屈折状態、視力、視野、両眼視、調節効率
- ・見たいものに視線が合わせられるか……視覚的注意、眼球運動
- ・見るものの形が捉えられるか……視知覚、視覚認知（形態知覚）、よいまとまり
- ・動きが捉えられるか……運動視
- ・奥行きが捉えられるか……立体視、奥行き知覚、空間視
- ・複雑な視覚刺激の中で見たいものに注目できるか……図と地の弁別、選択的注意
- ・不完全な視覚情報に対応できるか
- ・視覚情報の処理速度はどうか
- ・視覚情報をイメージの中で操作できるか……組み合わせる、回転させるなど
- ・一度に注目できるのはどれだけか
- ・視覚的な記憶の力はどうか
- ・視覚情報に対して適切な運動ができるか……眼と手の協応
- ・運動を行うにあたって身体の感覚やラテラリティ（利き手や利き眼などいわゆる利き側）、体幹の支え、手指の巧緻性はどうか
- ・教室に来たときの様子や、指示の理解、姿勢の保持、衝動性、対人行動

等々

　観察していることは上記にあげたものすべてではなく、目の前の子どもがどのような活動をしているかを、言葉によるコミュニケーションや身体の活動も含めて考えられるように、なるべく多角的に情報を汲み取るようにしています。

　感覚は、どんなものでも本人にしか感じられないものです。自分以外の人が感じている感覚をまったく同じように感じ取ることは不可能ですので、視覚機能も他人から見て確認できることは限られています。子どもを対象に視覚機能のアセスメントと、ビジョントレーニングを仕事にしていると、「この子の見え方が知りたい」というご要望をいただくことも少なくありませんが、疑似的に理解できる部分はあっても、本当に同じ体験をすることはどんなに想像力をめぐらせてもできません。

　そこで、聞き取った苦手や困りのエピソード、観察した行動、様々なテスト方法の結果を照らし合わせて総合的に考えることにより、苦手の原因の仮説を立て、必要な対策をトライアルしていくことになります。

　本来のビジョントレーニングは、1章で述べたように総合的な内容の視覚機能のアセスメントに基づいて専門的に行われるものでした。視覚機能が困りの原因になっている場合は、その果たすべき役割が状況や目的に応じて十分に発揮されるように、トレーニングに限らずそれぞれの状態に応じた対応を行うべく日々取り組んでいます。

③ ビジョントレーニングの実施に際して

第1部では、ビジョントレーニングの背景を認知や運動、発達、学習という側面から見てきました。

ビジョントレーニング全般にいえることとして、自身の苦手なこと、弱いところをボトムアップするために用いられることが多いので、できた！という実感や、親しい人に認められること、特に幼児期には親から、ギャングエイジには仲間から認められるということが、モチベーションを支える要素となります。強化学習といいますが、体の動きをもとに技能を身につけるとき、感覚からの情報と運動パターンとの連合はもちろん、運動パターンと報酬やそれに対する期待との間の連合の効果が重要といわれています。ほめられることや、うまくなったという実感、達成感なども含まれます。特に幼児期や低学年のトレーニングには、楽しく遊ぶ、カッコよくできるようになる、といった気持ちの支えがとても大切です。

トレーニングは、漫然と長時間取り組むより引き締まった数分間の方が、力が積み上がります。

子どもの年齢が低いほど、熱中できる「遊び」がポイントになります。指導者との関わりの中でトレーニングの要素をチェックしながら、必要な要素を含む遊びで、「目的」を言葉かけしたりどんな状況だったかを振り返ったりしながら一生懸命眼や体を動かして遊ぶのです。中・高学年以上の子どもの場合は、スポーツの基礎トレーニングのようなイメージで、目的をはっきりさせ、集中してトレーニングを行う場合もあります。もちろん学年や、視覚機能以外の要素の苦手を含めて考えると、単にビジョントレーニングを行えばよいというものではないということも考えなければなりません。本人が活動に目的を見出せていない場合も同様です。

また、指導者側で意識しておくべき大切なことは、子どもたち一人ひとりを目の前にして、私たちはどのような意図で働きかけるか、ということです。いずれのトレーニングを行うときでも、「しっかり見る」ということと、体の動きと、視覚情報を介して思考する、ということにつながるかどうかを観察しながら指導しますが、眼球運動のトレーニングひとつとっても、単に眼球を動かすトレーニングをしているのと、たとえ難解でも認知や発達の背景を想定しながら、その意味するところを考えて眼球運動のトレーニングを実施しようとするのでは、子どもだけでなく指導者自身の成長にも大きな違いが生まれます。

続く第2部では、幼児期における実際の指導を紹介します。そして、第3部では、"学力不振生徒"の指導において、認知やコミュニケーションなども踏まえて、ビジョントレーニングを指導手法に取り込むことの意義を紹介します。ビジョントレーニングが、子どもの行動を観察し、視覚機能の確認やどのような要素に困難があるかを考え、目的に向けて必要な対応を行うひとつの切り口として、読者の皆様のご参考になれば嬉しく思います。

第1部付録　視覚機能に関する用語集

●視力　どれだけ細かいものを見分けることができるかを数値で示したもの。

●屈折状態（近視、遠視、乱視、不同視）　無調節時に眼に入った平行光線が網膜に焦点を結ばない状態を屈折異常といい、遠視、近視、乱視に分けられる。屈折異常がない状態を正視という。

○近視　無調節時に眼に入った平行光線が網膜の前方に焦点を結ぶ状態で、凹球面レンズで補正される。メガネ等で補正されていない場合、その度合いにより、ある一定以上離れたところにはピントが合わず、ぼやけて見える。

○遠視　無調節時に眼に入った平行光線が網膜の後方に焦点を結ぶような状態で、凸球面レンズで補正される。軽度遠視では、遠方視力は良好なため、メガネ等での補正はされないで見過ごされることが多いが、調節に負担がかかっている状態であり、近方視への過度な負荷による疲れやすさ（持久性の低さ）や、読み速度の低下につながる。

○乱視　眼の中で屈折度数の強い方向と弱い方向があり、焦点を結ぶところがずれている状態で、円柱レンズで補正される。こちらも遠視同様に、遠方視力が良好な場合はメガネ等での補正はされないで見過ごされることが多いが、調節に負担がかかったり、小さな文字がぼやけて見えたりするため、疲れやすさ（持久性の低さ）や、読み速度の低下につながる。

角膜表面が不正に凸凹する疾患などで起こる不正乱視はメガネで補正できない。

●視野　医学的な定義は「一点を固視したときの視覚の感度分布」である。黄斑部中心窩付近に対応する視野を中心視野といい、細かいものを鮮明に見分けることができる。対して、網膜周辺部に対応する視野を周辺視野といい、細かいものを見分けることはできないが、場の全体を大まかに捉えるのに役立っている。教育現場においては、医学的な視野とは別に、視覚的注意が行きわたり有効に使えている範囲である「有効視野」を考えると、子どもの状況が理解しやすい。有効視野は、周りに気をつけて歩いているときと、スマートフォンを見ながら歩いているときのように状況に応じて変化する。

●調節　見たいものにピントを合わせる力。遠方を見るときが一番力の入っていない状態で、近くを見るときに力が入る。同じ距離を見るのに必要な調節力は、裸眼の場合、もともとの眼の屈折状態に左右される。遠方と近方を交互に見るときに調節がスムーズに働くかどうかも重要である。これが加齢とともに器質的にできにくくなってきたものを老視（いわゆる老眼）という。子どもで調節の不全が見られることがあり、メガネ、トレーニング等の対応が必要である。

●色覚　色の知覚。網膜の視細胞のうち錐体細胞（反応する光の波長の違いによってL・M・Sの3種類に分けられる）によって感知される。赤緑を区別する経路はL錐体とM錐体の活動の比で、青黄を区別する経路は、L錐体とM錐体の活動の和とS錐体の活動の比である。L錐体とM錐体の活動は明るさの知覚にも関わる。色覚異常といわれる状態は、単純に色のないモノクロ状態や赤と緑が見分けられないということではなく、実際はもっと多様で、見分けにくい色はあっても日常生活に自然と対応している人が多い。異常ではなく個性であるとする考え方や、カラーのユニバーサルデザインもある。

●**両眼視**　　左右眼の視線を揃え、右眼と左眼に映った像を重ね合わせて1つの映像として知覚し、遠近感や立体感を捉える眼と脳の働き。成立するために必要な要素は次の通りである。

○同時視　　右眼と左眼の像を同時に知覚する。

○融像（ゆうぞう）　　右眼と左眼の像を重ねて1つに知覚する。

○輻輳（ふくそう）／開散（かいさん）　　寄り目の働き。見るものの位置に合わせて両眼の視線が一致するように合わせる働き。一部は調節と連動している。

○立体視　　右眼と左眼の像を分析し、遠近感や立体感を知覚する高度な能力。

●**斜視、斜位**　　斜視とは、両眼の視線が目標物に集中しない状態で、両眼視がうまくできない。一般に斜視の種類には、眼が内に向いている内斜視、眼が外に向いている外斜視、上下にずれがある上下斜視がある。突然起こる斜視は、病的であったりケガによるものであったりすることがある。常時顕在的な斜視を恒常性斜視、斜視であったりなかったりするものを間歇性斜視（かんけつ）という。潜在的な視線のずれを斜位といい、その程度には個人差がある。斜視の人がどのようにものを見ているかについては、様々な状態があるため単純には推定できない。

●**弱視**　　矯正視力が0.3未満をいう。

○医学的弱視は、「視覚の発達期に視性刺激遮断あるいは異常な両眼相互作用によってもたらされる片眼あるいは両眼の視力低下で、眼の検査で器質的病変は見つからず、適切な症例は予防、治療が可能なもの」と定義され、ロービジョン（両眼の矯正視力が0.05以上0.3未満）とは区別される。

○教育的弱視は、視覚を情報取得の手段として用いることが難しく、状態に合った弱視教育を必要とするものを指す。医学的弱視と定義が異なることに留意する必要がある。

●**未熟児網膜症**　　在胎36週ごろに完成する網膜の血管が、早く生まれた場合に途中までで止まり、異常な発達をしたものである。

○ハイリスク　　出生体重1800g以下、在胎週数34週以下（出生体重1500g未満で約60％、在胎28週未満でほぼ100％）。

○網膜症が発症しても、自然に治った場合は視力への影響はない。治療が必要な網膜症では、程度により視力の伸びが異なる。

●**中枢性視覚障害**　　光の情報を入力する部分には明らかな異常はないが、見ているという反応が乏しい状態。視覚の解析系に問題がある。

○色（赤系）や光るもの、動くもの、周辺視野で比較的反応がよいとされる。

○視覚的な反応に時間がかかったり「見る」活動で疲れやすかったりもする。

第 1 部参考文献

乾敏郎・吉川左紀子・川口潤編（2010）『よくわかる認知科学』ミネルヴァ書房。

大伴潔（2009）「視空間課題としての立方体模写の発達的検討：漢字書字との比較」『東京学芸大学教育実践研究支援センター紀要』第 5 集、pp. 105-112。

大山正（2000）『視覚心理学への招待』サイエンス社。

加藤義信編（2008）『資料でわかる認知発達心理学入門』ひとなる書房。

北出勝也（2009）『学ぶことが大好きになるビジョントレーニング』図書文化社。

木下茂・中澤満・天野史郎編（2013）『標準眼科学　第 12 版』医学書院。

子安増生編（2005）『よくわかる認知発達とその支援』ミネルヴァ書房。

坂井建雄・久光正監修（2012）『ぜんぶわかる脳の事典』成美堂出版。

サドラー，T. W.、安田峯夫訳（2008）『ラングマン人体発生学　第 9 版』メディカル・サイエンス・インターナショナル。

鈴木浩太・吉田茂・篠田晴男（2010）「描画運動学習における動作対側体軸訓練の運動性向上効果」『立正大学心理学研究年報』創刊号、pp. 15-21。

関真司（2004）『基礎両眼視―基礎から臨床応用―』興隆出版社。

武田契一監修、奥村智人・三浦朋子（2014）『「見る力」を育てるビジョンアセスメント WAVES』学研。

玉井浩監修、奥村智人・若宮英司編著（2010）『学習につまずく子どもの見る力―視力がよいのに見る力が弱い原因とその支援―』明治図書。

新田収（2015）『発達障害の運動療法―ASD・ADHD・LD の障害構造とアプローチ』三輪書店。

箱田裕司・都築誉史・川畑秀明・萩原滋（2010）『認知心理学』有斐閣。

馬場元毅（2009）『絵でみる脳と神経―しくみと障害のメカニズム―　第 3 版』医学書院。

村上郁也編（2010）『イラストレクチャー認知神経科学』オーム社。

山口真美・金沢創（2008）『赤ちゃんの視覚と心の発達』東京大学出版会。

▶ 第 2 部 ◀

幼児期・学童期における
ビジョントレーニングの応用

5章

幼少期の視覚機能

① 視覚機能の発達する幼少期

　スキャモンの発育発達曲線を参照すると、神経型は生まれてから5歳頃までに80％の成長を遂げ10歳でほぼ完成されます。この神経型とは、脳、脊椎、以外に視覚機能（見る力）も含まれています（図5-1）。

　視覚機能というと視力を思い浮かべる方も多いと思いますが、学校で行う視力検査（遠見視力）は視覚機能のうちの一部にすぎません（第1部3章参照）。見るためには、視力だけでなく、見たいものに視線やピントを合わせたり、形や色を見分けたり、また、見たものを脳で処理して体を動かしたり、様々な能力が必要です。

　幼少期は、視覚機能の発達の著しい年代で、様々な神経回路が形成されていく大切な過程となります。視覚機能などの神経系は、一度その経路ができ上がるとなかなか消えません。この時期に視覚機能の神経回路へ刺激を与え、その回路を張りめぐらせるために視覚機能を高めるビジョントレーニングを行うことは、とても大切なことだと考えます。

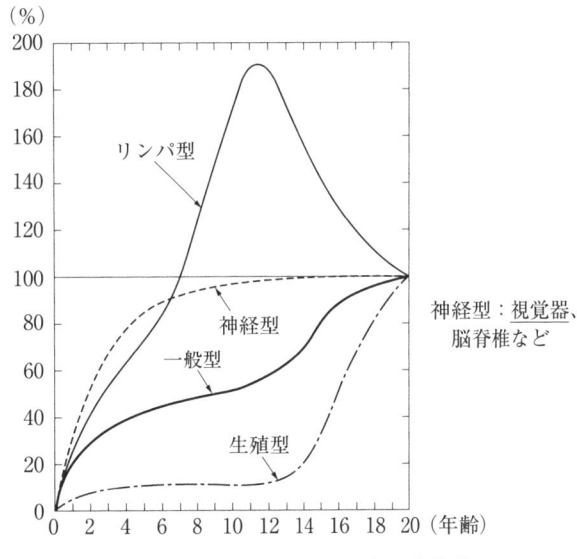

図5-1　スキャモンの発育発達曲線

注）縦軸は20歳を100％した場合のパーセント値。
出所）Scammon, R. E.（1930）The measurement of the body in childhood, In Harris, J. A. et al., *Measurement of man*. University of Minnesota Press. 　一部筆者改変。

② 近見視力の重要性

　視力には、遠くを見る遠見視力と近くを見る近見視力があります。現在学校では、視力検査は遠見視力しか検査していません。学校としては、黒板に書いた文字が見えていれば問題ないという考えからだと思われます。しかし学習能力や運動能力をアップさせ、また、生活面のつまずきを解消するには、遠見視力以上に近見視力が重要な役割を担います。近見視力不良の子どもには

はっきり見える経験がないので、教科書やノートがはっきり見えなくても症状を訴えることがなく、周りの大人も気づいてあげられない場合があります。近見視力不良の特徴で目立つものは、本やノートに異常に眼を近づける、書写に時間がかかる、ボール運動が苦手、手先を使う作業が苦手、などがあります。

　近くを見るときの方が、遠くを見るときより眼の調節機能が必要とされるので、近見視力不良の子どもは、眼精疲労を起こしやすく、肩こり、頭痛、首の疲れなどから集中力が続かない傾向にあります。

　子ども自身が訴えない限り、見過ごしてしまうことのないよう、周りの大人は近見視力不良の子どもの特徴を理解しておく必要があります。

　測定方法は、遠見視力の測定方法と同様に、下記のようにアルファベットのCの形（ランドルト環）を使い、本を明視距離（30 cm 程度の距離）で、Cの空いている方向を答えさせてください。なお、下記は簡易的なものですので、子どもの様子が気になった方は眼科で正式な検査を受けるようにしてください。

| 0.1 | 0.2 | 0.3 | 0.4 | 0.5 | 0.6 | 0.7 | 0.8 | 0.9 | 1.0 |

③　視覚機能と学習面・生活面の関連について

　学校保健統計調査（文部科学省、2017）によれば、視覚機能の一つの遠見視力に関しては1979年より小学校では悪化の一途をたどっています（図5-2）。2017年度の「裸眼視力1.0未満の者」の割合は、幼稚園で24.48 %、小学校32.46 %となっており、過去最高を記録しています。また視力非矯正者（眼鏡やコンタクトレンズを使用していない者）のうち、「裸眼視力0.7未満の者」の割合は、幼稚園5.65 %、小学校では13.56 %となっており、前年比で小学校では増加しています。学校保健統計調査では、視覚機能の眼球運動や視空間認知機能の調査はありませんが、視力と同様にそれらの機能も弱くなっている可能性があると考えています。視覚機能が弱いと、勉強や作業に集中できなかったり、整理整頓ができなかったりといった症状が表れることが明らかになっています。

　また、就学前教育と小学校教育との連続性に問題があり、小学1年生の学級が荒れ、子どもが不適応を起こす、「小1プロブレム」が10年以上にわたり全国で続いています。これは、経験豊かな教師でさえ指導ができない状態であり、こうした問題への対処として幼保小交流など、移行

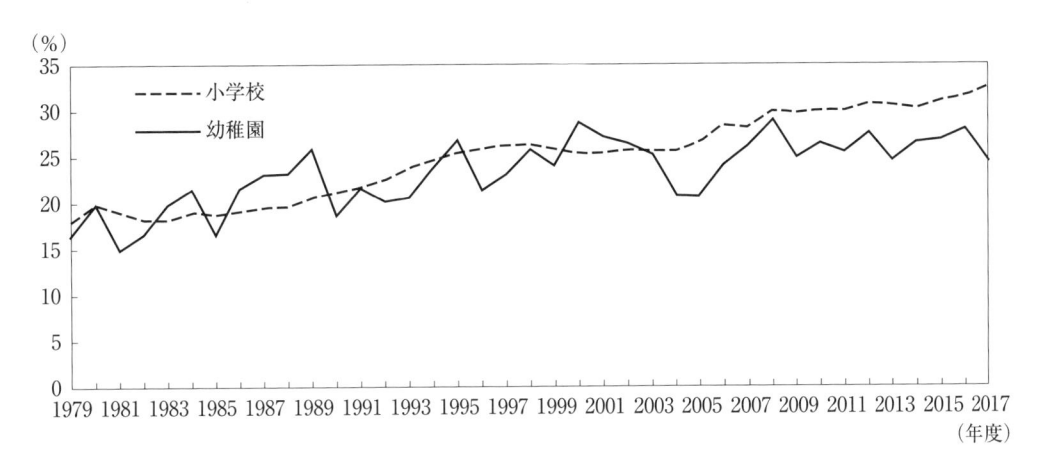

図5-2　裸眼視力1.0未満の者の推移

出所）文部科学省（2017）「学校保健統計調査（学校保健統計調査速報）」、一部筆者改変。

をスムーズにするという視点から、現在様々な取り組みがなされています。

　筆者はこれらの背景には、前述した症状が表れることから視覚機能の弱さも要因の一つの可能性があると考えています。

　文部科学省「通常の学級に在籍する発達障害の可能性のある特別な教育的支援を必要とする児童生徒に関する調査」(2012) の結果では、6.5％程度の割合で通常の学級に在籍している可能性が示されています。

　加藤 (2009) によれば、ビジョントレーニングを行うと、前頭葉の内側の広い部分に血流と酸素が集まり、また第一次視覚野が位置する後頭葉以外の脳の成長を促す効果もあると報告されています。前頭葉は人間の運動、言語、思考、判断を司る場所であるので、ビジョントレーニングをすることで前頭葉の発達を促し、生活面のつまずきの解消が期待できます。北出 (2010) によると、視覚機能を高めるトレーニング（ビジョントレーニング）を行うことで、書（描）く力、読む力、作る力（手先の器用さ）、運動する力、集中力・注意力、記憶力、イメージ力などが身についていくと述べられており、発達障害の児童・生徒のつまずきが改善された報告も多数あります。

6章

ビジョントレーニングを取り入れた運動遊びの効果

　ビジョントレーニングの基本は、第1部4章で紹介されたように、眼球運動、視空間認知、眼と体のチームワークの3点から構成されています。ビジョントレーニングを取り入れた運動遊びを行うことで、実際にどのような効果が得られるか、筆者が行った調査があります。これは、生涯の健康の基礎となる幼児期にビジョントレーニングを取り入れることによって、視覚の入力機能と認知機能を高める可能性があり、生活面のつまずきが解消されるのではないかと期待して実施したものです。以下、概要を述べます。

(1)調査対象：A幼稚園年長クラスの9名（保護者には書面と口頭で研究の主旨を説明し、同意を得たうえで実施）

(2)実施時期：2016年1月〜2016年2月（全5回）

(3)レッスン：1回45分（全5回）

(4)方　　法：対象の幼児に、レッスン開始前と終了時に跳躍性テスト（8章トレーニング2）と追従性テスト（8章トレーニング1）を時間内にどのくらいできるか計測し、その回数の合計平均を毎回記録していきました。対象の幼児の保護者には、1回目のレッスン開始前と5回目のレッスン終了後に「視覚機能チェックアンケート」を実施しました。このアンケートは北出(2015)を参考に、見る・読む・書く・見たものに合わせて動く、の4項目を取り上げ、作成しました。

(5)レッスン内容の手順

　①ウォーミングアップ（眼球体操）（4章 p.22、本章末〈コラム〉眼球運動トレーニング参照）

　②リズム体操　人の動きを把握して、同じように体を動かしたりすることで、視空間認知と眼と体のチームワークを高めることを期待して行ったものです。

　③動物模倣（8章トレーニング6〜9）　いろいろな動物模倣をすることで、体のどこを動かせばその動物の動きになるのか、ボディイメージを高めることができ、視空間認知と眼と体のチームワークの能力を高める効果を期待して行ったものです。

　④眼球運動・視空間認知・眼と体のチームワークの内容を取り入れた運動遊び（8章トレーニング11〜17参照）

① 跳躍性テストと追従性テストとも統計的に有意な結果に

　対象幼児に、トレーニングの前後に跳躍性テストと追従性テストを実施しました。専門的な話

<table>
<tr><td colspan="5">表6-1　跳躍性テスト結果</td></tr>
</table>

	N	平均	標準偏差	t
1回目	9	5.39	2.97	−3.24
5回目	9	7.67	2.6	

*$p<.05$

表6-2　追従性テスト結果

	N	平均	標準偏差	t
1回目	9	2.11	0.65	−8.94
5回目	9	3.78	0.67	

**$p<.01$

になりますが、Shapiro–Wilk 検定で正規性を確認し、1回目の平均と5回目の平均の差が統計的に有意か確かめるために、両側検定の t 検定を行いました。これは2つの実験結果の「平均値の差」に対して、違いが偶然か、あるいは本質的なものか（有意水準5％または有意水準1％で差があるか）判断を下すことができます。

　この結果、跳躍性テスト、追従性テストともに、1回目より5回目のほうが有意に高いということが認められました（表6-1、6-2）。両テストとも跳躍性テストと追従性テストにおいては、2回目より数値が上がる子どもも見られ、跳躍性テストより追従性テストの方が、早く数値が上がる子どもが多数いました。

② 「視覚機能チェックアンケート」の解説

　保護者に協力してもらったアンケートは以下のものです（表6-3）。結果を述べるまえに解説をしておきます。

　(1) 1〜9に○がある場合⇒眼球運動（入力機能）のトレーニングが必要です。

　ここに○がついた場合、ものを眼で捉える入力機能が未熟と考えられます。

　1〜6は輻輳（寄り目）と開散（離し目）の両眼のチームワークがスムーズにできていません。この機能が弱いと、距離感や立体感がつかみづらく、ものが二重に見えたり、眼が疲れやすかったり、ものにぶつかりやすかったりといった症状が現れます。

　7は、ある1点から別の1点へすばやく対象物を捉える跳躍性眼球運動ができていません。この機能が弱いと、身の回りにあふれている多くのものの中から、早く、正確に自分に必要な視覚情報だけを得ることができず、人ごみの中から人を探すことが苦手であったり、本を読むとき、行や文字を読み飛ばしたり板書を写すのが苦手であったりといった症状が現れます。

　8、9は追従性眼球運動と跳躍性眼球運動ができていないと考えられます。読む力を育てるためには、視線を滑らかに動かしたり、すばやく次の行に眼を移動させる機能を高める必要があります。

　(2) 10〜18に○がある場合⇒視空間認知と眼と体のチームワーク（出力機能）のトレーニングが必要です。

　まず文字や絵や図形を書（描）くのが苦手な子どもは、視覚機能の視空間認知の機能が不十分な可能性があります。具体的には形態知覚（眼で見たものの形や色）や空間知覚（位置などを正しく把握する機能）が未熟なためだと考えられます。形態知覚の機能が弱いとお絵描きや塗り絵、文字をなかなか覚えられないなどの症状が現れます。また、空間知覚の機能が弱いと、球技が苦手であ

表 6-3　視覚機能チェックアンケート

※日頃の子どもの様子を振り返ってみましょう。

	番号	質問		
見る	1	本を読むとき、眼を細める。	眼球運動のトレーニングを行いましょう	環境構成も合わせて行いましょう
	2	本やノートを見るとき、眼との距離が近すぎる。		
	3	近くを見るとき、横眼で見たり片眼で見たりする。		
	4	遠くを見るとき眼を細める。		
	5	製作などの作業に集中できない。		
	6	すぐに眼が疲れる。		
	7	探しものがうまく見つけられない。		
読む	8	文字の読み間違いが多い。		
	9	読み飛ばしや、読んでいるところがわからなくなる。		
書く	10	ひらがなの書き間違いが多い。	視空間認知と眼と体のチームワークのトレーニングを行いましょう	
	11	うまく描けない絵がある。または、お絵かきで描いたものが、周りに伝わらない。		
	12	鏡文字をよく書く。		
見たものに合わせて動く	13	はさみで切る、ボタンを留める、ひもを結ぶといった手を使った作業が苦手。		
	14	ボールを投げたりキャッチしたりするのが苦手。		
	15	ダンスなどを見て覚えたり、まねたりするのが苦手。		
	16	鍵盤ハーモニカなど、鍵盤の位置をよく間違う。		
	17	右と左をよく間違う。		
	18	家具や歩いている人にぶつかったり、つまずいたりする。		

ったり、周囲の人やものの位置を把握できず、人やものにつまずいたりぶつかったりといった症状が現れます。

　視覚機能チェック表の症状が表れても視覚機能に問題はなく、逆に知能・言語・聴覚などが要因の場合もあります。同じ症状でも色々な要因があることを留意して、その子どもの特性に応じた支援を行うことが大切です。

③　「視覚機能チェックアンケート」の結果

　ビジョントレーニングを取り入れた運動遊びを行うことで、「視覚機能チェックアンケート」の結果で改善率が高かった項目が3つありました。「見る」の項目では「製作などの作業に集中できない」、「読む」の項目では「読み飛ばしや読んでいるところがわからなくなる」、「書く」の項目では「鏡文字をよく書く」です。

　特に「見る」の項目の「製作などの作業に集中できない」は、保育士養成校の学生に対してビジョントレーニングを行ったときも、「ビジョントレーニングを行うと頭がすっきりして授業に集中できる」などの感想も多く、また学生の改善率が高かったことからも、年齢にかかわらずビジョントレーニングを行うことで集中力を高める効果が期待できるのではないでしょうか。

　「読む」の項目の「読み飛ばしや読んでいるところがわからなくなる」の原因として、本の文字

を眼で追い、行の最後から新しい行の先頭へ視線を移すことにつまずきがある可能性が考えられますが、跳躍性テストや追従性テストの結果が1回目より5回目の平均が上がったことでつまずきが解消されたことからも、跳躍性眼球運動と追従性眼球運動の能力を高めることの有効性が示唆されます（表6-1、6-2）。

「書く」の項目の「鏡文字をよく書く」の原因として、見たものの全体像を把握する「視空間認知」の機能が未熟であったり、眼で見て、脳で認識された情報をもとに指や体を動かす「眼と体のチームワーク」が苦手であったりする可能性があります。運動機能は、全身を動かす「粗大運動」から手や指先、眼球運動などの「微細運動」へと発達していきます。手先が器用に使えないのは、粗大運動が未発達のために起こることもあります。「眼球運動」や「視空間認知」「眼と体のチームワーク」といった粗大運動の遊び（ビジョントレーニングを取り入れた運動遊び）の効果が、微細運動のつまずきの解消にもつながった可能性があります。

④ 「視覚機能アンケート」の個数と生活習慣との関係

運動機能の発達は、全身を動かす「粗大運動」ができるようになり、そこから「微細運動」へと発達していきます。眼球運動や手先の運動は微細運動であり、これらが上手に使えないのも全身を動かす粗大運動が未発達のために起こります。以上のことから、粗大運動にあたる「家での外遊びの時間」と、粗大運動をしない「家でのテレビを見る時間」などの生活習慣と「視覚機能アンケート」に関係性があるか調査しました。

「視覚機能アンケート」のつまずきの個数に関わる変数同士の相関分析を行った結果（表6-4）、「視覚機能アンケート」の個数と「家でのテレビを見る時間」（$\rho = .69$）に正の相関（図6-1）が、「視覚機能アンケート」の個数と「家での外遊びの時間」（$\rho = -.76$）に負の相関（図6-2）、「家でのテレビを見る時間」と「家での外遊びの時間」（$\rho = -.84$）に負の相関（図6-3）が認められました。

テレビを見る時間と視力、またはテレビゲーム遊びの経験および時間と視力の間には関連性がないという調査もありますが、文部科学省（2011）では、1日あたりのテレビを見る時間が30分以下である幼児や、運動をする機会が多い幼児は、我慢強く、やる気があり、集中力が高く、また、テレビを見る時間が長く、運動する機会が少なくなるにつれ、それらは低くなると報告されており、運動の重要性が再認識される結果となりました。

ビジョントレーニングは眼球トレーニングだけではありません。本書に掲載されている粗大運

表6-4 「視覚機能アンケート」のつまずきの個数に関わる変数同士の相関分析の結果

	生活アンケートのつまずきの個数	1日のテレビを見る時間（1週間の平均）	家での外遊び
生活アンケートのつまずきの個数	1	.69*	-.76*
1日のテレビを見る時間（1週間の平均）	.69*	1	-.84*
家での外遊び	-.76*	-.84*	1

$N=9$*　　　　　　　　　　　　　　　　　　　　　　$p<.05$　　＊＊$p<.01$

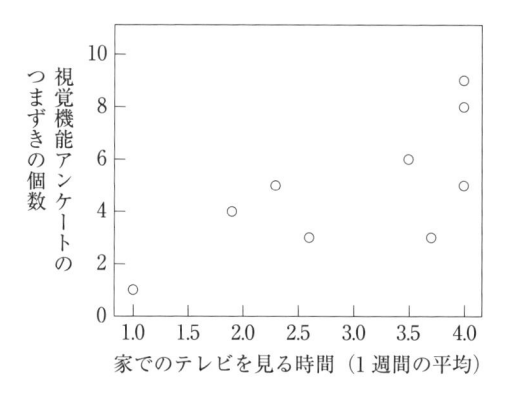

図6-1 つまずきの個数とテレビの相関図

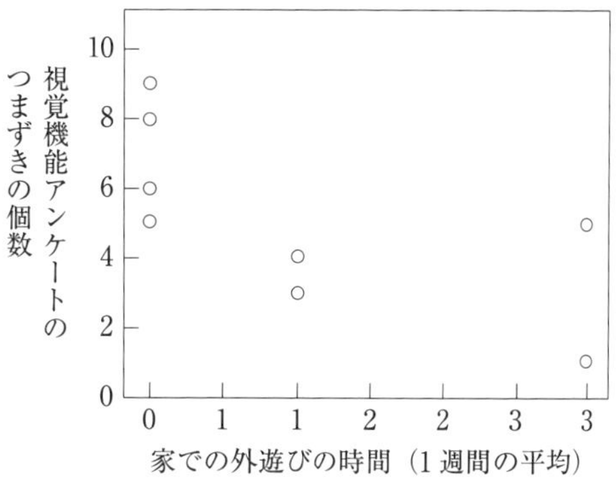

図6-2 つまずきの個数と外遊びの相関図

動もビジョントレーニングであり、これらをご家庭や学校で多く取り入れて頂くとよいかと思います。

　発達の仕方は、前述の通り、粗大運動から眼球運動などの微細運動へと発達していきます。NHK 放送文化研究所が行っている「国民生活時間調査」などによると、子どもたちが遊ぶ時間、空間、仲間が減少していることが指摘されており、外遊びなどの粗大運動が

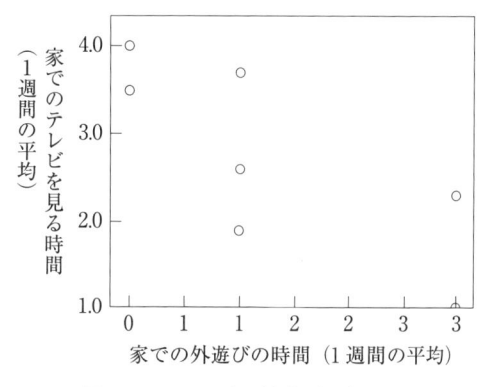

図6-3　テレビと外遊びの相関図

できない環境になってきています。これらを解決するためには、保護者だけでなく、地域ぐるみでサポートしていく時代になっているのではないでしょうか。

〈コラム〉前庭動眼反射が大きく表れる遊びについて

　眼球運動には、本書に紹介されている追従性眼球運動や跳躍性眼球運動、両眼のチームワーク（輻輳、開散）などの随意性眼球運動以外に、反射性眼球運動として前庭動眼反射や視運動性反射（視運動性眼振）などがあります。前庭動眼反射は、頭が動いたときにこれと反対方向に眼球を動かして網膜に映る外界の像のぶれを防ぎ、頭が動いているときにものが見えにくくならないように働く反射です。視運動性反射は、眼に映る情景が動くとき、それにつられるように眼が動く反射です。

　筆者は、反射性眼球運動の前庭動眼反射が大きく表れる遊びに特に注目しています。

　4章に出てくる追従性眼球運動や跳躍性眼球運動などがうまくできない場合は、滑り台やブランコ、トランポリンなどで前庭動眼反射の働きを利用した遊びを先にするように勧めています。本書では、ブランコや滑り台などの運動は紹介しておりませんが、筆者の研究では、本書に掲載されているトランポリンなどの運動（8章トレーニング10）をすることで、運動をしたあとの方が追従性眼球運動や跳躍性眼球運動の動きが明らかに滑らかになることも確認されました。

〈コラム〉眼球運動トレーニング

　眼を動かす能力は、体の発達と同じように、子どもの発育の中で徐々に身についていくものですが、生活面、学習面、運動面につまずきのある子どもは、これらの眼球運動にもつまずきがあることが、多く見受けられます。

　眼球運動トレーニングを繰り返し行うことで、正確に、速く眼で映像を捉える能力が培われ、生活面、学習面、運動面などのつまずきの解消が期待できます。

　その眼球運動トレーニングは多く分けて A〜C の 3 つあります。

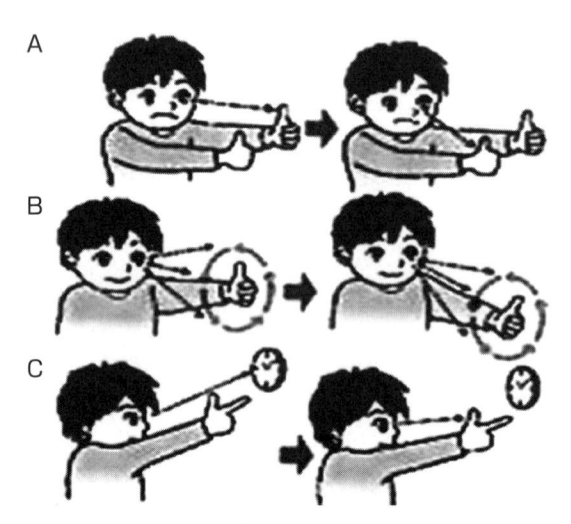

出所）読売新聞 2013 年 10 月 3 日付。

　A 跳躍性眼球運動トレーニング、B 追従性眼球運動トレーニング、C 両眼のチームワーク（両眼視機能）です。

　A 跳躍性眼球運動トレーニングは、左右の親指を立て、親指から親指へ視線をジャンプさせるトレーニングです。横、縦、斜めと行います。人ごみの中から人を探すなど、多数の情報の中から自分の必要な視覚情報を得るために必要なトレーニングです。

　B 追従性（ものを眼で追う）眼球運動トレーニングは、親指を顔の周りに円を描くように動かし、眼でその親指を追うトレーニングです。反対周りも同様に行います。慣れてくれば、円を大きく描いたり、他の人が描く円などを眼で追ったりもしてみましょう。本に書かれている文字を読むなど、対象物に合わせ正確に眼だけを動かすトレーニングです。

　C 両眼のチームワークは近くを見るときは眼を寄せる（輻輳）、遠くを見るときは両眼を離す（開散）トレーニングです。両眼のチームワークができることで正確な立体感、遠近感が獲得できます。

　これらの眼球運動トレーニングは、童謡や園歌、校歌、ポップスなど子どもになじみのある曲に合わせて行うと、子どもたちも継続的に行えます。A〜C の眼球運動トレーニングを、曲の 1 小節または 2 小節ごとに組み入れ創作してみましょう。最初はゆっくりめの曲を選び、眼球運動がスムーズにできるようになったらテンポの速い曲にするとよいでしょう。

7章

子どもたちへの援助

見えにくさを感じている子どもは、ビジョントレーニングを行うのと同時に、並行して人的・物的な環境構成の工夫も必要になってきます。

① 人的環境構成（保護者や教師の効果的な援助方法）

6章では、ビジョントレーニングの効果について調査をもとに述べてきました。本章では、周りの大人たちができる援助方法を述べましょう。

1）周りが興味を示す

周りがビジョントレーニングに興味を示してあげることが大切です。1人で行うのではなく、家族やクラスなど周りも一緒に取り組みましょう。タイムを計ったり、できたらシールを貼ってあげるなどゲーム性を取り入れるとよいでしょう。

また、一人ひとりの子どもにあった課題を用意することも重要です。ビジョントレーニングは難しすぎても効果が発揮できませんし、子どものやる気も続きません。本書をベースに子どもの課題にあった難易度を調整してください。

2）ほめて伸ばす

ほめることは、子どものモチベーションを長期的に高めるのに有効です。子どもたちはほめられるとうれしいと感じ、ドーパミンという快楽物質が出てきます。しかし、ドーパミンの分泌量は、5歳を境にして少しずつ低下してしまいます。

ほめられると、脳の中ではドーパミンが出る前に行われていた行動が強化されます。この強化は、ドーパミンが出る前（ほめる前）の行動に対してですので、行動とドーパミンの出るタイミングがずれると効果がなくなります。よい行動をしたら放置せず、すぐにほめること、また能力ではなく努力に対してほめることも、子どものビジョントレーニングのモチベーションを維持させるためには大切なことです。

ただし、子どもは天邪鬼、いつもほめればよいというものでもありません。ほめてばかりいると、ほめてもらえないときに怒りを感じやすく、わがままな性格になってしまうという報告もあります。

モチベーションの維持という観点で2つの実験を紹介します。1つ目はスイスの神経科学者シュルツの研究です。サルに餌を与える直前に光で合図をするというパブロフの条件づけを行い、

中脳部位にあるドーパミン神経をモニターする実験です。光の合図を出したあとの餌を出す確率を変え、ドーパミン神経の活動を記録しました。結果として100％の確率で報酬を与えられたとき、ドーパミンを出す神経細胞の活性は低くなり、0％の確率の場合と近い傾向にありました。ドーパミン神経の活動水準が最大となったのは、確率50％のときでした。このことから、2回のうち1回ほめることがモチベーションを維持するポイントと推定できます。

　2つ目はピグマリオン効果です。アメリカの教育心理学者ローゼンタールが発表した研究です。教師期待効果ともいい、教師が期待をかけた生徒とそうでない生徒では成績の伸びに大きな違いが見られました。また、他者への期待値がその後の成長を決定づける大きな要因の1つになります。このことからも、子どもに「あなたはできる」という期待をもって接することが、やる気を引き起こしモチベーションの維持に大きく関わるポイントとなります。

② 周囲の環境構成

1）生活習慣、学習習慣の見直し

（1）**正しい姿勢**　　テレビを見る姿勢や食事をする姿勢、机で勉強している姿勢なども大人が気にかけてあげることが大切です。正しくない姿勢は、眼精疲労や腰痛、肩こりの原因ともなり集中力も低下します。椅子に座り背中で手を組み胸を張る姿勢を取ると、自然に背筋がのび、良い姿勢となります。また、足が地面につく高さの椅子を用意することも大切です。

（2）**適切な照明**　　特に手元を照らす学習スタンドは、右手で鉛筆を持っている場合、右側から照らすと右手の影が本にできますので、左側に学習スタンドを置くと右手が影にならず、眼が疲れません。

（3）**早寝早起きの習慣**　　規則正しい生活をすることも大切です。幼少期は、夜の8時ごろから朝の6時ごろまで就寝中に脳細胞や眼の細胞も作られます。不規則な生活を続けていると、脳や眼の細胞も再生時間が不足し、眼がしょぼしょぼしたり、焦点が結びづらくなったり、結局眼がすぐ疲れる要因になり、学習の集中力低下につながってきます。

（4）**鼻呼吸の習慣**　　鼻呼吸は口呼吸より、深い呼吸をすることができます。そうすることで、副交感神経を働かせることができ、体の緊張状態をやわらげ、リラックスできるようになり、全身の血流がよくなります。また、十分な酸素と血液が眼の毛細血管や毛様体筋に行き渡るようになり、眼の緊張も解消されてきます。また鼻毛や粘膜の働きによって大気中に含まれる有害物質やウィルスの侵入を防いで病気にかかりにくくなったり、虫歯や歯周病、いびきや歯ぎしりなどにも効果が期待できます。

2）使いやすい用具などの工夫

（1）**はさみ**　　はさみは右利き用と左利き用があります。100円ショップなどで売られているのは、右利き用のはさみがほとんどだと思います。しかし左利きの子どもには左利き用のはさみを使わせてあげましょう。右利き用と左利き用では、刃の合わせが逆です。左利きの子どもが右利き用のはさみを使用すると、切っている部分が見えなくなってしまい、ずれて切ってしまいま

す。また、はさみの形状にも気を配りましょう。少しの力で切れるばね付きはさみや、どんな握り方でも切れる持ち手の大きなロングループのはさみなど、はさみにもいろいろな種類があります。

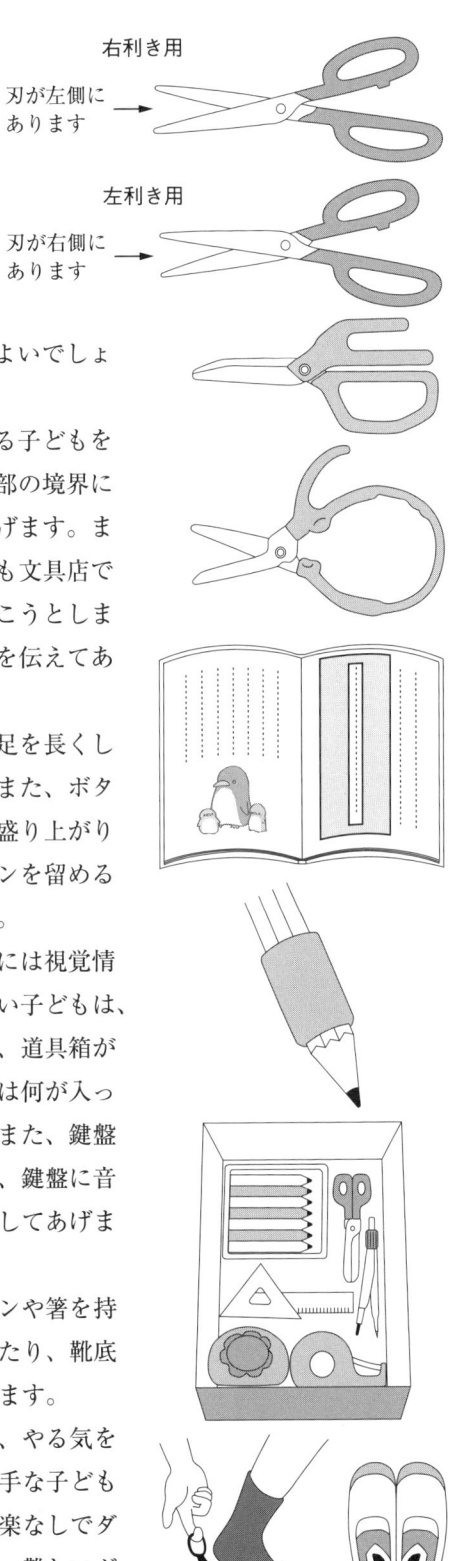

右利き用

刃が左側にあります →

左利き用

刃が右側にあります →

(2) **リーディングスリット（読書用ガイド）**　読んでいる場所がわからなくなったり、読み飛ばしが多かったりする子どもには余計な情報を隠して、読む行だけを表示するリーディングスリットを使ってもよいでしょう。厚紙や色付きクリアファイルで簡単に作れます。

(3) **鉛筆を正しく持つ道具**　鉛筆の先端持ちをする子どもを見かけます。鉛筆の先端持ちは書きにくいので、円錐部の境界に輪ゴムを巻きつけておくと、先端部を指で持つのを防げます。また、鉛筆を正しく持つことのできる補助グリップなども文具店で販売されています。また、不器用な子どもほど速く書こうとします。書く速さより、ていねいに書くことが大切なことを伝えてあげましょう。

(4) **ボタン**　ボタンを留めるのが苦手な場合、糸足を長くしボタンを緩めに縫いつけてあげるのもよいでしょう。また、ボタン自体に厚みがあり、角がわかりやすいものや、縁に盛り上がりのあるものが扱いやすいです。鏡で確認しながらボタンを留める練習を行うと身体のイメージがつかみやすくなります。

(5) **視覚情報の掲示**　整理整頓ができない子どもには視覚情報の掲示が効果的です。探し物を上手く見つけられない子どもは、整理整頓が苦手なことも多いです。道具箱の底などに、道具箱が正しく置かれているイラストを貼ったり、引き出しには何が入っているかラベルを貼ったりなどの工夫をしましょう。また、鍵盤ハーモニカなどで鍵盤の位置をよく間違う子どもには、鍵盤に音階のシールを貼るなど、視覚的にわかりやすいようにしてあげましょう。

(6) **目印**　靴の左右を間違う子どもには、スプーンや箸を持つ手と同じ側のかかと部分に色ゴムなどの目印を付けたり、靴底に合わせ絵を描いてあげたりするとわかりやすくなります。

(7) **練習にも一工夫**　子どもはうまくできないと、やる気をなくしてしまいます。例えば、ダンスをまねるのが苦手な子どもには、最初から音楽に合わせるのではなく、まずは音楽なしでダンスを小分けにし、達成可能な目標を設定しましょう。難しいダンスは、まず手だけ、足だけなどパーツごとの練習もよいでしょう。

③　ボディイメージを高める「36 の基本動作」

　ビジョントレーニングにおいてボディイメージをつかむためには、体を使った様々な遊びを経験することが大切です。

　また、感覚統合の視点からも、これらの動きで「触覚」、「固有感覚」、「平衡感覚」が養われます。

　さらに、幼少期に大切とされる敏捷性や巧緻性・平衡性・柔軟性といった調整力（コーディネーション能力）も同時に養われていきます。幼少期は、運動機能が急速に発達し、多様な動きを身につけやすい時期です。この時期に多様な運動刺激を与えて、体内に様々な神経回路を複雑に張りめぐらせることは、上記のあらゆる視点から見ても重要です。そのためには、子どもが自発的に取り組める適切な環境が必要です。

　祖父母や親世代は、学校や園から帰宅後、友達と公園で鬼ごっこ、木登り、ボール遊びなど様々な遊びを通して神経系を発達させてきました。しかし現在は、遊べる場所、遊び相手、遊ぶ時間を探すのも難しくなっています。そうしたことの影響もあり、転んだときにとっさに手が出ず、顔面にけがをする子も増えています。子どもが安心して遊べる環境を提供するのは、私たち大人の役目ではないでしょうか。

　文部科学省の調査によると、いまの子どもたちは「からだの基本的な動作」の習得時期が昔より大幅に遅れているそうです。たとえば小学 3〜4 年生の投げる、蹴るなどの基本的動作は 25 年

図 7-1　36 の基本動作

出所）中村和彦（2011）『運動神経がよくなる本』マキノ出版より改変して引用。

前の幼稚園児レベルともいわれています。図7-1は、山梨大学の中村和彦教授による人間の基本的な動きを36に分類した表です。この基本動作を繰り返し行うことで発達段階に必要な動きが獲得できます。

〈コラム〉転んで大けがをする子ども

　上にも述べていますが、最近、転んでもとっさに手を出すことができないで大けがをしてしまう子どもが増えているようです。日本スポーツ振興センターの「学校の管理下の災害」［平成29年版］のデータでは、近年全国の幼稚園、保育園で子どもがけがをしたケースの半数以上は、頭部や顔のけがという報告もあります。

　はいはいをしないまま歩き始めるのがその原因の一つといわれています。本来は、生後9ヶ月ごろになると、中脳が発達しパラシュート反射という姿勢反射が見られるようになります。パラシュート反射とは、赤ちゃんをうつ伏せの状態で抱きかかえ、頭を下にした状態になるように下降させると、手を広げて体を支えようとする反射です。これは私たちが転んだときに手を出す反射であり、生涯備わり続けます。

　転んだときに手をつくことができない子どもは、眼と手の協応動作ができていないので、8章で紹介する、手で支える色々な動物模倣（はいはいも含め）などの遊びをたくさんすることが有効といわれています。ゲーム性を取り入れた動物模倣も紹介していますので、楽しく継続して取り組んでほしいと思います。

8章

> ## ビジョントレーニング実践
> ## さあトレーニングをはじめよう

トレーニング1（追従性眼球運動：線迷路）

留意事項 　頭は動かさず、眼だけを動かしましょう。ステップ2の鉛筆で線をたどるときは、線からはみ出ないように丁寧に行いましょう。

扱い方

　ステップ1：線を指でたどってみましょう。

　ステップ2：鉛筆で線をたどってみましょう。

　ステップ3：眼だけで線をたどってみましょう。

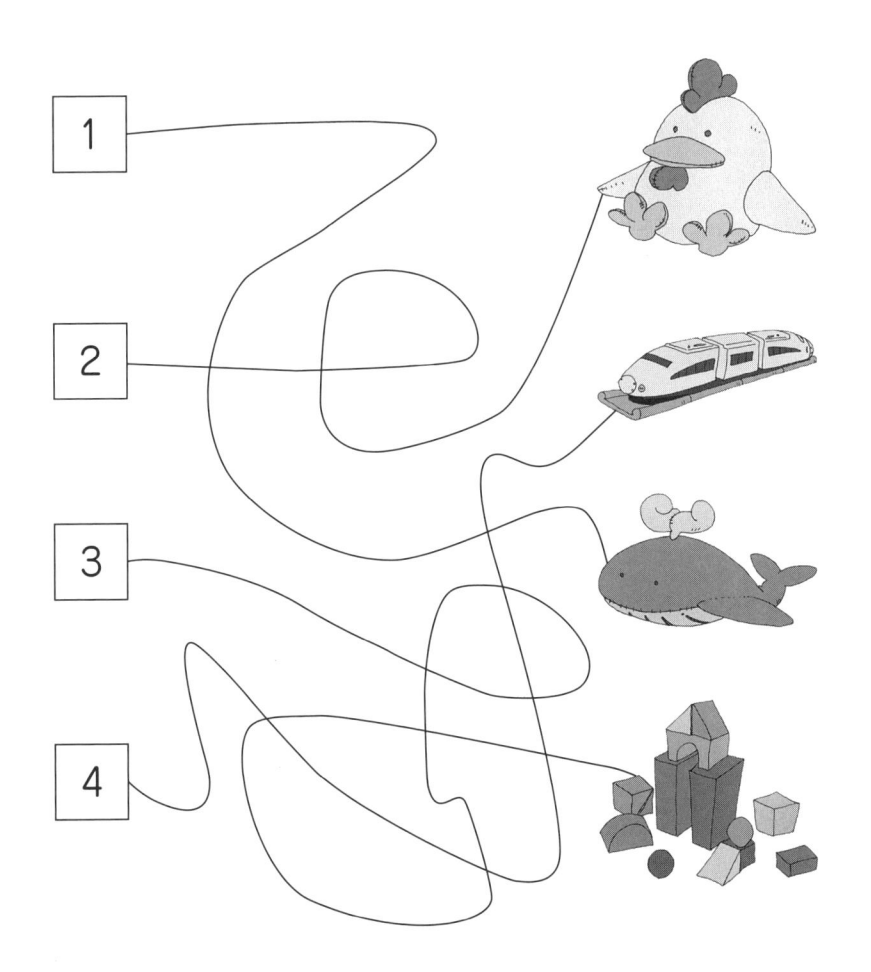

トレーニング２（跳躍性眼球運動：数字探し）

留意事項　線迷路同様に頭は動かさず、眼だけを動かしましょう。

扱い方　1〜30までの数字を、1から順に声に出して数えながら、数字を指で指していきます。

慣れてきたら、応用として30から1へと声に出して数えながら、数字を指で指してみましょう。

14	1	19	21	29	12
23	7	25	27	2	18
4	13	26	30	9	22
10	20	24	3	15	28
16	11	8	5	17	6

トレーニング3（視空間認知：形のかけら）

扱い方 左側の三角形で欠けている部分を、①〜④の中から選びます。見えない部分をイメージし、形の全体像を把握するトレーニングです。

ステップ1：このページをコピーして、①〜④の部分を切り取って当てはめてみましょう。

ステップ2：図を切り取らずに頭の中でイメージし、当てはまるものを選んでみましょう。

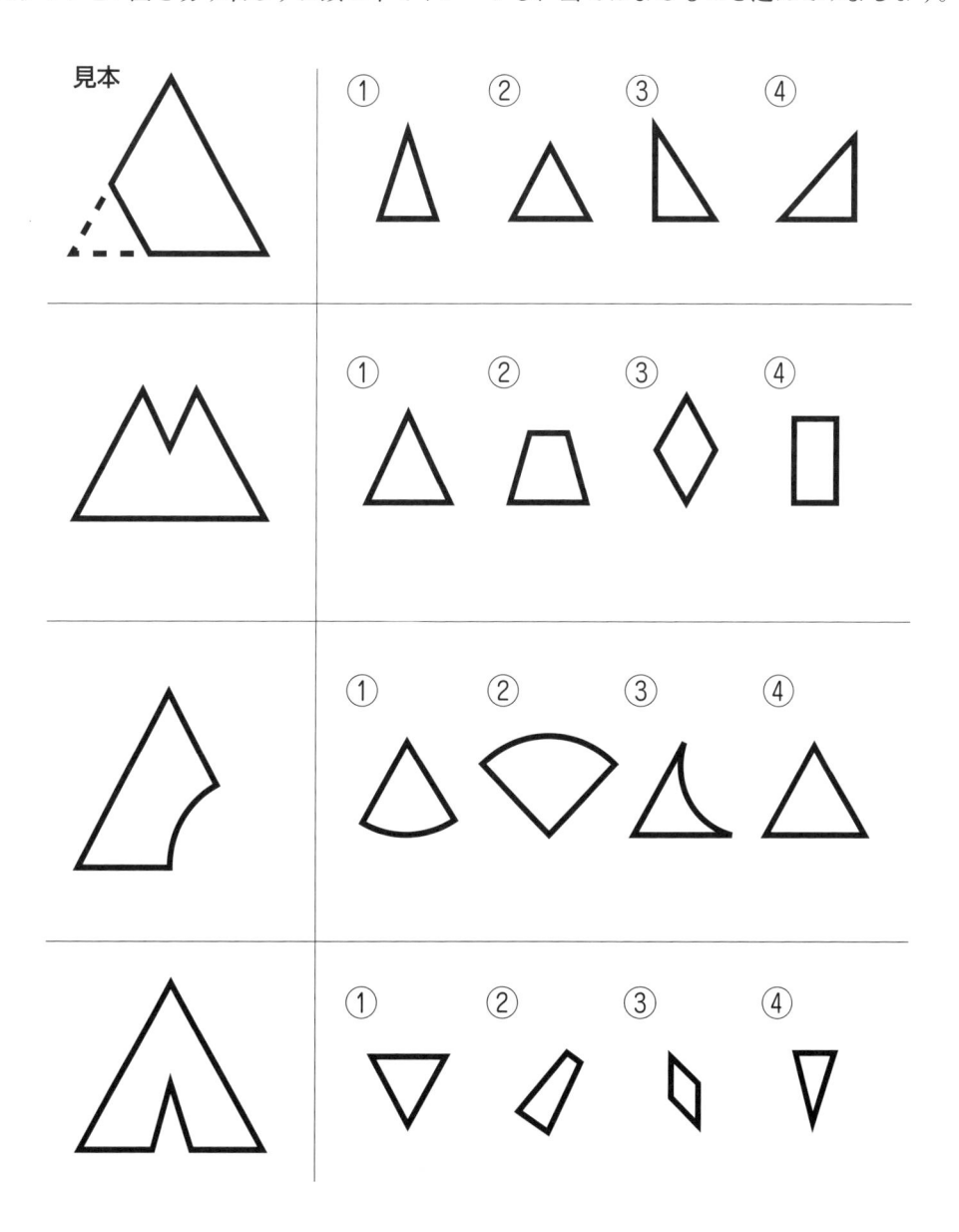

トレーニング 4 （視空間認知と眼と体のチームワーク：点つなぎ）

留意事項 定規を使ってていねいに行いましょう。

　ステップ 1：左のお手本を見ながら、定規を使ってていねいに同じ形を描きます。

　ステップ 2：左のお手本を記憶したら、下敷きなどで隠して、同じ形を描きます。

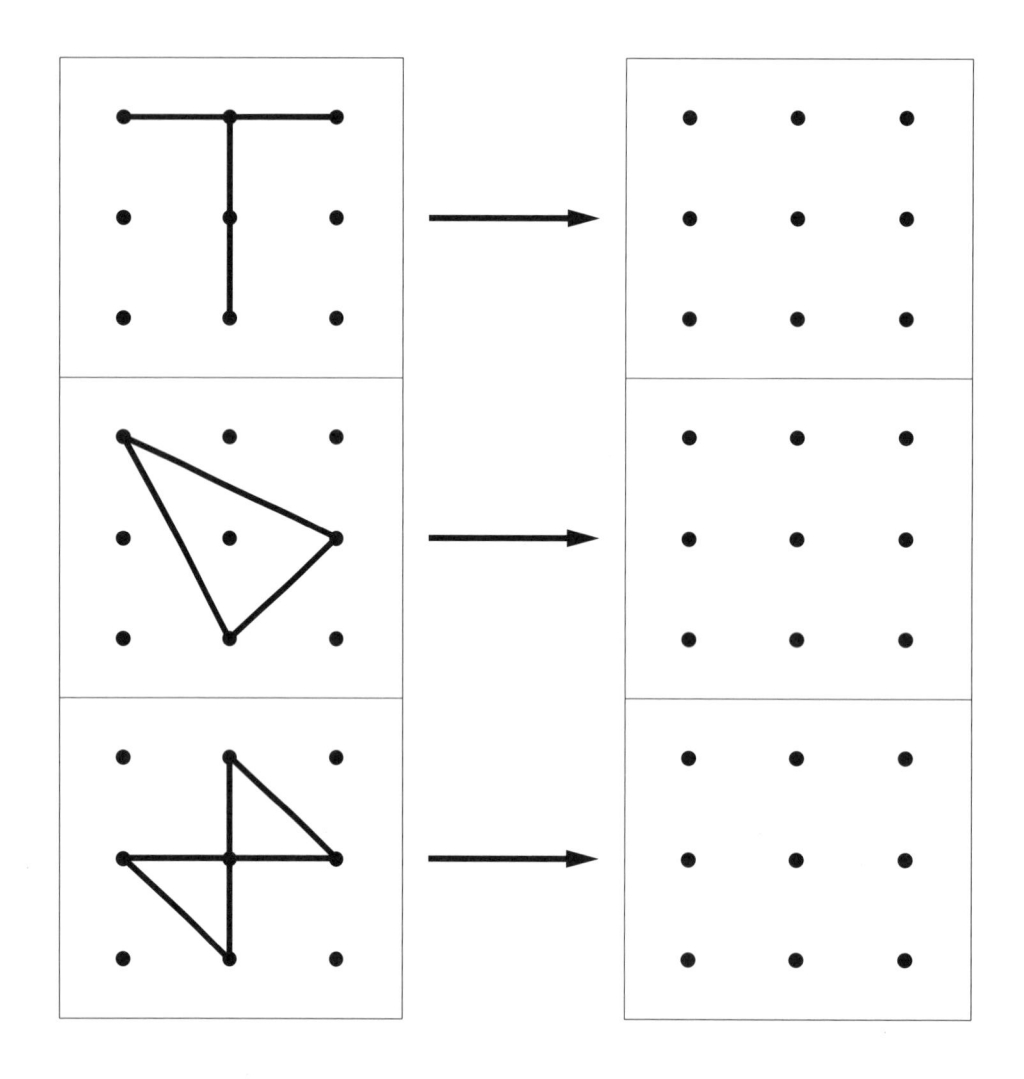

トレーニング 5 （視空間認知と眼と体のチームワーク：GO/NO-GO 課題）

ステップ 1：●を 1、2、3、4、5、6、7、8、9、10 と声に出して数えながら、同時に手を叩きます（できるようになったら、手を叩く代わりにジャンプをしてみましょう）。

声 →	「1」	「2」	「3」	「4」	「5」	「6」	「7」	「8」	「9」	「10」
手を叩く →	●	●	●	●	●	●	●	●	●	●

ステップ 2：●を 1、2、3……と、ステップ 1 と同じように声に出して数えながら手を叩き、○では手を叩かないようにしましょう。

	「1」	「2」	「3」	「4」	「5」	「6」	「7」	「8」	「9」	「10」
(1)	●	●	○	●	●	●	○	●	●	●
(2)	●	○	●	○	●	●	○	●	○	●
(3)	○	○	●	●	○	●	●	●	●	●

ステップ 3：○を 1、2、3……と声に出して数えながら手を叩き、●では手を叩かないようにしましょう。

	「1」	「2」	「3」	「4」	「5」	「6」	「7」	「8」	「9」	「10」
(1)	○	○	○	○	●	○	○	●	○	●
(2)	○	●	●	●	●	○	●	○	●	○
(3)	●	●	●	○	●	○	○	●	●	○

　上記のトレーニングは、「GO/NO-GO 課題」といって、状況に応じて適切な行動を起こしたり（GO 反応）、状況に応じて適切に自制する（NO-GO 反応）トレーニングです。これ以外に赤と黄のランプの光刺激を判断し、赤いランプがついたときだけゴム球を握る（GO）、黄色いランプのときは握らない（NO-GO）、あるいは色を逆にして行うトレーニングもあります。GO/NO-GO 課題は、注意力や抑止力を見るテストとしても使われています。松本短期大学の柳澤秋孝教授らは、幼児期に運動をすることでこの課題の成績が向上することを見出しています（柳澤・柳澤 2007）。

　5 章のスキャモンの発育発達曲線で述べた通り、10 歳頃までの神経系や視覚機能が発達する時期にそれらの発達を促す運動をすることは、とても重要になります。本書では、神経系や視覚機能が発達するワークや運動遊びを多数紹介していますが、それらを実践する前と後では、「眼と体のチームワークのトレーニング」も向上している可能性が大いにあります。

トレーニング6（ボディイメージを高める運動：動物模倣）

　自分の体を支える力や体幹を引き締める力を養います。ボディイメージが養われていない子どもは、乳児期にはいはいをしていないという報告もあります。これを「発達のとび超し」といいます。様々な粗大運動をすることで、手指を使う微細運動の発達も促します。裸足で行うことで、土踏まずの形成や、浮き指防止にもつながります。浮き指状態の足は、指を使ってしっかりと踏み込んだ歩行ができず、正しい立ち姿勢や歩き方ができないため、体を揺らしながら歩く・姿勢が猫背になる・疲れやすい・体のバランスが悪くなり転びやすいなどの症状が表れたりします。

　（1）クマ歩き：四つばいの姿勢でお尻を高くあげて進みます。頭より腰を上げることで逆さ感覚も養うことができます。手で体を支えることができるか、前回りのレディネステストとしても有効です。レディネステストとは、特定の学習に必要な条件が学習者の側に整っている状態かをテストするものです。レディネスがない状態で教育・学習を行うと、運動の場合はけがの原因などになる可能性があります。
　（2）けがをしたクマ：片足を上げ両手と片足だけで前へ進みます。体幹を引き締める力を養います。
　（3）クモ歩き：お腹を上に向け、お尻を高く上げ前へ進みます。腹筋や背筋力を養うのにも有効です。
　（4）ワニ歩き：おへそを床につけ、ずりばいの姿勢で前へ進みます。
　（5）アザラシ歩き：足は使わず腕の力だけで、また、お腹が床につかないようにしながら前へ進みます。腕で体重を支える感覚が養われると、跳び箱を跳ぶときの土台となります。

(1)　　　　　　　　　　(2)　　　　　　　　　　(3)

(4)　　　　　　　　　　(5)

トレーニング7（トータルトレーニング：動物模倣応用編1）

　正確に様々な動物模倣ができるようになったら、フープや円形シートなどを使い、より複雑に行いましょう。置かれたフープや円形シートをとらえ（**眼球運動**）、認識して（**視空間認知**）、その情報をもとにフープや円形シートにふれないで移動します（**眼と体のチームワーク**）。そうすることでさらにボディイメージが高まり、洗練化された動きが身につきます。洗練化された動きとは、年齢とともに基本的な動きの運動の仕方（動作様式）がうまくなっていくことです。

　まず動物模倣をする前に、フープにふれないように歩き、慣れてきたら走ってみましょう。

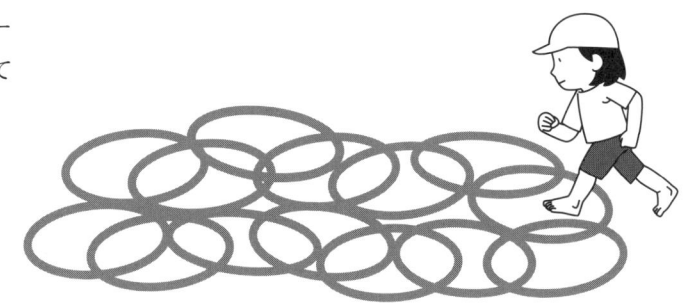

　フープにふれないように、クマ歩きやクモ歩きをしてみましょう。

　円形シートの上をクマ歩きやクモ歩きで移動してみましょう。

トレーニング8（トータルトレーニング：動物模倣応用編2）

　正確に動物模倣ができるようになったら、ゲーム性を取り入れて遊んでみましょう。そうすることで、楽しく、速く正確に動けるようになり、よりボディイメージが高まり、洗練化された動きが身につきます。

ゲーム名　クマさんのしっぽ取り

ゲームの扱い方　ズボンにしっぽ（新聞紙やスズランテープ、縄跳びなどを使う）をつけ、友達のしっぽをクマ歩きで取りに行きます。誰のしっぽを取ってもよいです。

　このゲームでは、友達が自分の周りのどこにいるかを見る**眼球運動**、友達が前や後ろのどこにいるか俯瞰する**視空間認知**、クマ歩きをしながら友達のしっぽをとる**眼と体のチームワーク**、の3つが必要になります。

トレーニング9（トータルトレーニング：動物模倣応用編3）

ゲーム名　だるまさんが転んだ

ゲームの扱い方　子どもたちは、クマ歩きでスタート地点からゴール地点まで動きます。指導者が目を手で隠し「だるまさんが転んだ」といいます。いい終わったとき、動いている子どもがいたら、その子の名前を呼びます。呼ばれた子はまたスタート地点に戻ってスタートし直します。早くゴール地点に着いた子どもがチャンピオンです。ルールを簡素化することで、4歳児からでもできるゲームです。

　指導者の動きを見る眼球運動、指導者の「だるまさんが転んだ」の声と動作に反応して素早く判断する空間認知（**聴空間認知と視空間認知**）、素早く動作に移す**眼と体のチームワーク**が必要になります。クマ歩き以外に、ワニ歩きやクモ歩きなどいろいろな動物模倣で行ってみましょう。

トレーニング 10（ボディイメージを高める運動：ミニトランポリン）

(1)
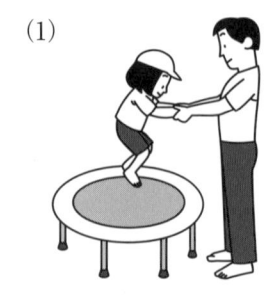

(2)
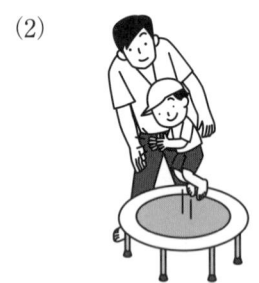

(3)
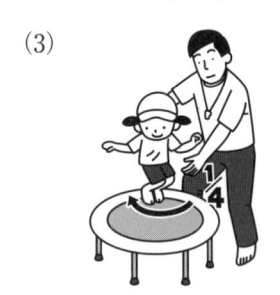

(4)

(5)

　姿勢のバランスを保とうとする前庭感覚、姿勢を保持する固有感覚が身につきます。それにより、同じ姿勢をキープする力も集中力もつきます。また歩行も安定してきます。これらは、眼球運動や視空間認知、眼と体のチームワークだけでなく、6章の〈コラム〉（p. 43）で記した前庭動眼反射などとも関連した動きで、ビジョントレーニングとしても有効です。なお、ミニトランポリンはバランスを崩して大きなけがにもつながりやすいので、指導者は必ず近くで補助できるように見守ってあげてください。

　(1)　ミニトランポリンの真ん中に立ち、指導者と手をつなぎ、まっすぐ跳んで、まっすぐ着地しましょう。慣れてくれば、指導者が背中から脇を持って補助したり、1人で跳んだりしてみましょう。跳ぶ回数を決め、その回数で静止する練習もしてみましょう。

　(2)　ジャンプをしているときに手を1回叩きましょう。次に着地時に1回手を叩きながら跳んでみましょう。慣れてきたら指導者の「ジャンプ」の合図でジャンプしているときに手を1回叩き、「着地」の合図で着地するときに1回手を叩くということを連続して行ってみましょう。

　(3)　ミニトランポリンの真ん中に立ち、4分の1ずつひねりながら1周してみましょう。右回転、左回転とも同様に行いましょう。慣れてきたら2分の1ひねりでも行ってみましょう。

　(4)　跳びながら指導者の手にハイタッチします。指導者が手をあげる高さを変えることで、**眼球運動**がより養われます。また、ジャンプしながら指導者とじゃんけんもしてみましょう。

　(5)　ミニトランポリンから床の目標に着地しましょう。床にビニールテープなどで円を描き、その中に着地するようにしましょう。目標の円に正確にジャンプするためには、**眼球運動、視空間認知、眼と体のチームワーク**も必要になってきます。

トレーニング 11 （トータルトレーニング：色跳び）

ゲームの扱い方 指導者のあげたプレートの色をとらえ（**眼球運動**）、認識して（**視空間認知**）、その情報をもとにそれ以外の色を跳んでいきます（**眼と体のチームワーク**）。できるだけ止まらずに、動きながら踏んではいけない色を、判断して進んでいきます。まずは図のような片足踏切で行い、それができるようになったら、難易度があがりますが、両足踏切でも行ってみましょう。

　指導者が笛を吹いたりタンバリンを腿で叩くリズムに合わせて跳んでいきます（最初はゆっくりのリズムで。慣れてくればだんだん速くしていきます）。

　子どもたちは、指導者があげている色をわかっていても、最初は間違って指導者のあげている色のシートを踏んでしまうと思います。視空間認知がされていても、眼と体のチームワークができていないためです。しかし、何度も何度も繰り返すうちに、神経細胞と神経細胞がつながることで身につきます。また、一度つながった神経細胞どうしは離れることはありません。ですので、できなくても叱るのではなく、楽しみながら何度も何度も繰り返しやりたくなる雰囲気づくりや、スモールステップでの成功体験が必要です。

　※指導者が使うプレートは、スポーツ店にも売っていますが、色付きのフープやボールを使ったり、色紙を画用紙に貼ったりと、ご自身で工夫して用意されてもよいと思います。

トレーニング12（トータルトレーニング：信号機）

ゲームの扱い方　指導者のあげたフープの色をとらえ（**眼球運動**）、認識して（**視空間認知**）、その情報をもとに友達とぶつからないようにマットの周りを止まったり、歩いたり、走ったりと体を動かします（**眼と体のチームワーク**）。

　たとえば信号機のように、青は「走る」、赤は「止まる」、黄色は「歩く」と決めて行います。慣れてくれば赤が「走る」、青が「歩く」、黄色が「止まる」など、通常の信号機と異なった組み合わせで行いましょう。

ゲームの展開　指導者が、「はい今、何色ですか？」といって、まず赤を出し、子どもが止まった状態をつくってからスタートするとスムーズに進みます。

ゲームを行う前に約束をする　子どもが行いそうなことで大きなケガにつながることは、あらかじめ約束をさせてから行いましょう。たとえばこのゲームの場合、以下のようなものが考えられます。

　①反対に走らない：ふざけて反対向きに走り出す子どもがよくいます。衝突防止のためにあらかじめ走る方向を伝えましょう。

　②友達を押さない：走るのが速い子が、遅い子を後ろから押す場合があります。

トレーニング13（トータルトレーニング：オセロ遊び）

ゲームの扱い方 青と赤の円形シートを用意します。そして、子どもを青チームと赤チームの2チームに分けます。指導者の笛の合図で、下図のように走って床に置いてある相手方の色のシートを自分のチームの色にひっくり返していきます。

　眼を動かして相手のチームのシートを探す（**眼球運動**）、自分のチームのシートと相手のチームのシートの置かれている場所や友達の動きを把握する（**視空間認知**）、友達とぶつからないようにして相手の色のシートを裏返す（**眼と体のチームワーク**）という動作が必要になってきます。

　上手にできるようになったらケンケンで行ったり、クマ歩きなどの動物模倣で行ったりもしましょう。

トレーニング14（トータルトレーニング：番号カルタ）

レベル1

ゲームの扱い方　子どもはスタート地点で後ろを向きます。指導者の笛の合図で前を向き、指導者が手に持っている数字を見て、床に置いてある数字を探してその数字を足で踏んでゴールするというものです。

　眼を動かして数字を探す（**眼球運動**）、数字を見分け、数字の置かれている場所を把握する（**視空間認知**）、体を正確に動かす（**眼と体のチームワーク**）という動作が必要になってきます。

　慣れてくれば、応用として数字を少しずつ増やしたり、指導者は「3−2」など計算問題のカードを掲示したりしてみましょう。

レベル2

ゲームの扱い方　子どもはスタート地点で前向きに立ちます。指導者は子どもの後ろに立ち笛の合図で、子どもは一回転して指導者が手に持っている数字を見てから（**瞬間視**）、床に置いてある数字を探し、その数字を足で踏んでゴールするというものです。慣れてくれば、レベル1と同様の応用をしてみましょう。

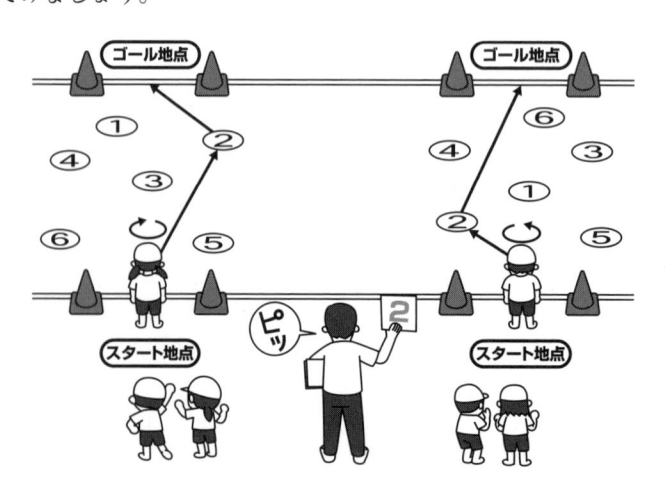

トレーニング 15（トータルトレーニング：番号迷路）

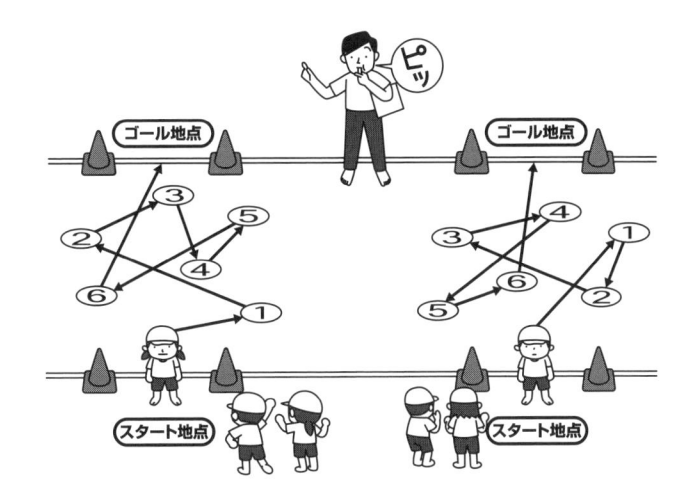

ゲームの扱い方

　子どもはスタート地点で後ろを向きます。指導者の笛の合図で前を向き、1 から順に 6 まで足で数字を踏んでゴールするというものです。

　子どもの実態に応じて数字を減らしたり増やしたりしましょう。また、大きい数字から逆にスタートしたりも行ってみましょう。

　番号カルタと同様に、眼を動かして数字を探す（**眼球運動**）、数字を見分ける、数字の置かれている場所を把握する（**視空間認知**）、正確に体を動かす（**眼と体のチームワーク**）といった動作が必要になってきます。

　※数字をそのままにしておくと、子どもたちは数字でなく、前の子どもの動きをまねて動くようになりますので、面倒でも数字の位置を変えるほうがよいでしょう。しかしすべての位置を変えるのは時間的にも大変ですので、最初に探す 1 の場所を他の数字と変えるだけでも、子どもの導線は大きく変わります。下記の図は上記の図より左は 1 と 3、右は 1 と 5 を変更した例です。

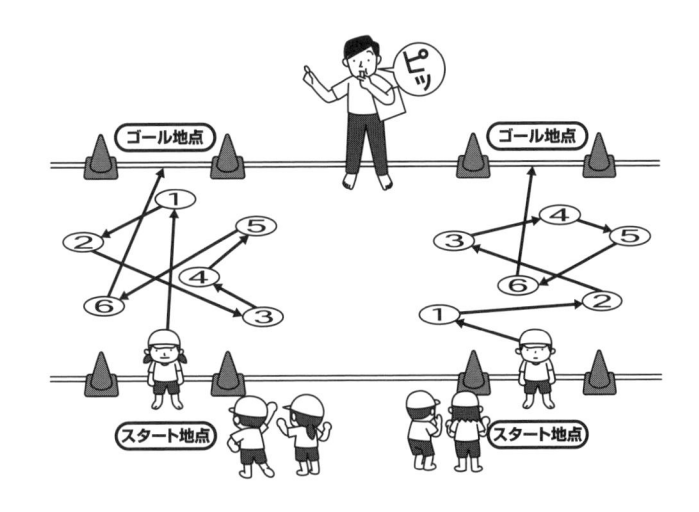

トレーニング16（ボディイメージを高める運動：ボディロール）

　マットを使って横に転がってみましょう。マットから落ちないように体を調節することで姿勢保持にもつながります。また、頭が回転することで前庭感覚（平衡感覚）を養うことにもつながります。

留意事項

・速く回るのではなく、マットから落ちないように回ることが大切です。
・必ず右回転、左回転両方行うようにしましょう。

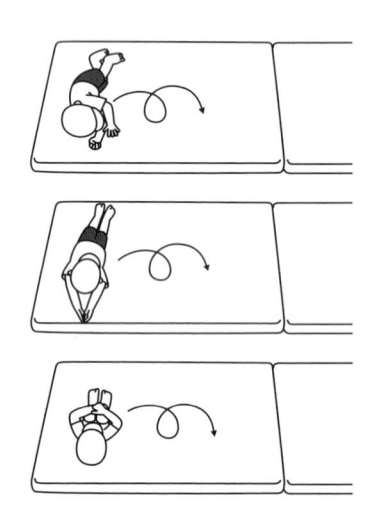

・子どもの能力に応じて環境構成を変え、子どもが飽きないように工夫しながら行いましょう。

ステップ1（お芋転がり）：形にこだわらず、マットから落ちないように転がります。

ステップ2（鉛筆転がり）：鉛筆のように、体をまっすぐにしてマットから落ちないように転がります。

ステップ3（おにぎり転がり）：腕と足を曲げて、マットから落ちないように転がります。

斜面や障害物の上を転がる

留意事項　前庭感覚（平衡感覚）が養われていないと、傾斜の大きさによって怖がります。怖がる子どもがいる場合は、踏切板などではなく、マットを下に折って緩やかな傾斜をつくるなどの工夫をしましょう。

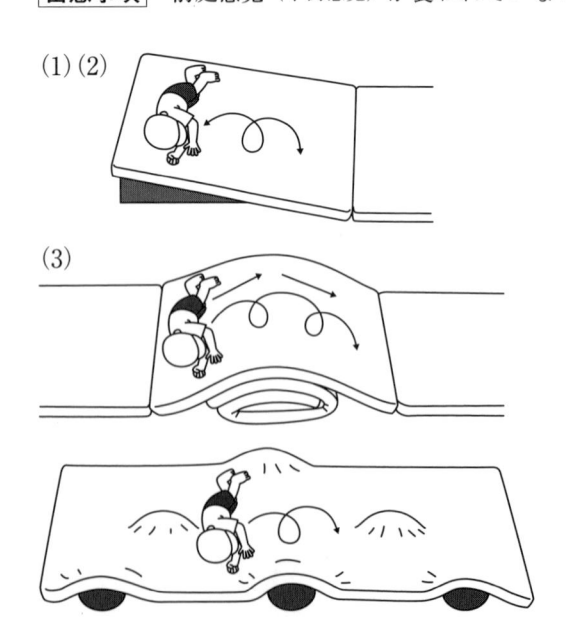

　(1) マットの下に踏切板やロイター板などを入れて、坂道を作り転がり下ります。

　(2) 坂道を転がりながら登ります。

　(3) マット下にロールマットを入れたり、踏切板を2枚合わせたりしてお山をつくり、上り下りして転がります。マットの下に空気を少し抜いたボールを入れ、でこぼこ道を転がるのも子どもたちは喜びます。

トレーニング 17（ボディイメージを高める運動：複数名でのボディロール）

1人でボディロールが正確にできるようになったら、次は2人やもっと多くの人数で行ってみましょう。そうすることでゲーム性が加わり、より楽しく、速く正確に動けるようになります。また、よりボディイメージが高まり、洗練化された動きが身につきます。

（1）うつ伏せになり、2人で手をつなぎ、お互い相手の回転を意識しながら、手がもつれないように回りましょう。左右場所を入れ替わり、右回転、左回転も行いましょう。

（2）1人が友達の足首を握り、2人で息を合わせながら回りましょう。できるようになったら、3人、4人、5人と足首をもって連なって回ると楽しいです。

（3）お互いの足首をもって、2人で息を合わせながら回りましょう。上手に回るためには、2人がしっかりくっつくことが大切です。

（4）マットの上にうつぶせで数人が寝て、その背中の上を転がります。たくさんの友達と触れ合いながら、ボディイメージを高めることができます。

(1)

(2)

(3)

(4)

トレーニング 18（トータルトレーニング：お手玉遊び 1）

(1)

(A)

(B)

(1) 指導者または友達が持ったお手玉をとらえ（**眼球運動**）、認識して（**視空間認識**）、その情報をもとにお手玉を人差し指タッチします（A）。慣れてきたら、高い位置のお手玉をジャンプしてタッチしたり、ターンしてからタッチしたりもしてみましょう。

　さらにレベルアップして、右足の踵と左足のつま先をつけた**姿勢**（B）でタッチしたり、片足をあげたかかしの状態でタッチしたりもしてみましょう。

(2)

(2) 体の前にお手玉を揺らし、サッカーのリフティングのように、膝や足の甲、すね、ひじ、肩など色々な体の部位でタッチしてみましょう。

(3)

(3) 揺れるお手玉を上体をよじりながらよけてみましょう。最初は足を動かしても構いませんが、慣れてくればできるだけ、足は動かさず行ってみましょう。

応用 体の部位でタッチするのとよける動作をミックスして行ってみましょう。たとえば、指導者の「ひじ」の合図で向かってくるお手玉にひじでタッチし（GO）、指導者が何もいわないときはお手玉をよける（NO–GO）ようにしてみましょう（p. 55の GO／NO–GO 課題のお手玉バージョン）。

トレーニング19（トータルトレーニング：お手玉遊び2）

(1) お手玉を真上に放り上げ確認し（**眼球運動**）、その間に（**視空間認識**）図のように立った姿勢で手を1回叩き、両手でキャッチします（**眼と体のチームワーク**）。慣れてきたら、左右それぞれ片手で行ったり、お手玉を左右1つずつ持って周辺視野を使って行ってみましょう。

(2) お手玉リフティング1：立った姿勢で利き手の手のひらに、お手玉を1つのせます。お手玉を真上に放ります。落ちてきたらつかまずに、手のひらは広げたまま弾いてまた上に放ります。何回続けられるかやってみましょう。反対の手でも行いましょう。慣れてきたら左右1つずつ持って、周辺視野を使って行いましょう。

(3) お手玉リフティング2：今度は手の甲の方にお手玉をのせて、(2) と同じように行います。反対の手でも行いましょう。慣れてきたら左右1つずつ持って、周辺視野を使って行いましょう。

(4) お手玉リフティング3：手のひらと手の甲を交互にやってみましょう。(2) と同じように行います。反対の手でも行いましょう。慣れてきたら左右1つずつ持って、周辺視野を使って行いましょう。

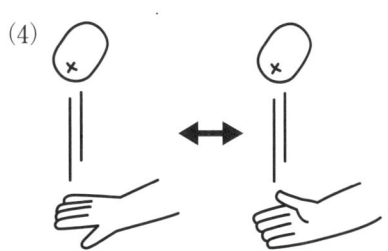

トレーニング 20（トータルトレーニング：発音・作文力・聞き取りのつまずきを発見するためのトレーニング）

発音・作文力・聞き取りのつまずきを発見するためのシート

①うさぎ	⑥じょうず	⑪えんそく	⑯じどうしゃ
②はっぱ	⑦しんかんせん	⑫ぺんぎん	⑰はらっぱ
③おもちゃ	⑧しょっき	⑬しゃっくり	⑱しゅっぱつ
④どんぐり	⑨きょうしつ	⑭ごはん	⑲かぜ
⑤おとうさん	⑩うんどうじょう	⑮いっしょ	⑳かけっこ

（1）眼で見た情報を正しく認識してスムーズに言葉にするトレーニングです。

〔発音・作文力のつまずきを発見するためのトレーニング〕　色々な発音を①〜⑳まで記しています。

　ステップ1：指導者の後に続いて、読ませてみましょう。慣れてきたら1人で読ませてみましょう。

　ステップ2：①から⑳の中から2つの言葉を使って文章を作ってみましょう。

　例：「うさぎ」の「ごはん」。

　　　「おとうさん」と「かけっこ」した。

ステップ3：①から⑳の中から3つの言葉を使って文章を作ってみましょう。

　例：「はらっぱ」で「おとうさん」と「かけっこ」した。

　　　「ペンギン」が「はらっぱ」で「しゃっくり」をした。

(2) 耳で聞いた情報を正しく認識してスムーズに書くトレーニングです。

　清音から拗促音までのどこにつまずきがあるのかを見つけることができ、つまずきを改善するためのトレーニングができます。

聞き取りのつまずきを発見するためのトレーニング 「今からいう言葉をよく聞いて書きましょう」といって①〜⑳の言葉を書かせてみましょう。

留意点 ゆっくり正確な発音で、例えば「3番　おもちゃ」と読みます。「お・も・ち・ゃ」などと区切りません。これは拗音など小さな文字のつまずきを発見するためのトレーニングだからです。

	①清音	②撥音	③濁音	④半濁音	⑤長音	⑥促音	⑦拗音	⑧拗長音	⑨拗促音
1	う・さ		ぎ						
2				ぱ		はっ			
3	お・も						ちゃ		
4	り	ん	ど・ぐ						
5	お・さ	ん			とう				
6			ず					じょう	
7	し・か・せ	ん・ん・ん							
8	き								しょっ
9	し・つ							きょう	
10	う	ん			どう			じょう	
11	え・そ・く	ん							
12		ん・ん	ぎ	ぺ					
13	く・り								しゃっ
14	は	ん	ご						
15						いっ	しょ		
16			じ		どう		しゃ		
17	は			ぱ		らっ			
18	つ			ぱ					しゅっ
19	か		ぜ						
20	か・こ					けっ			

聞き取りのつまずきを発見するためのトレーニングの解答

例	1	2	3	4	5	6	7	8	9	10	例
清音→	う①	は⑥	お①	ど③	お①	じ⑧	し①	し⑨	き⑧	う①	←清音
清音→	さ①	っ⑥	も①	ん②	と⑤	ょ⑧	ん②	ょ⑨	ょ⑧	ん②	←擬音
濁音→	ぎ③	ぱ④	ち⑦	ぐ③	う⑤	う⑧	か①	っ⑨	う⑧	ど⑤	←長音
			ゃ⑦	り①	さ①	ず③	ん②	き①	し①	う⑤	←長音
	見方例				ん②		せ①		つ①	じ⑧	←拗長音
							ん②			ょ⑧	←拗長音
										う⑧	←拗長音

11	12	13	14	15	16	17	18	19	20
え①	ぺ④	し⑨	ご③	い⑥	じ③	は①	し⑨	か①	か①
ん②	ん②	ゃ⑨	は①	っ⑥	ど⑤	ら⑥	ゅ⑨	ぜ③	け⑥
そ①	ぎ③	っ⑨	ん②	し⑦	う⑤	っ⑥	っ⑨		っ⑥
く①	ん②	く①		ょ⑦	し⑦	ぱ④	ぱ④		こ①
		り①			ゃ⑦		つ①		

〈コラム〉聞き取りのつまずきを発見するためのトレーニングについて

　以前、ある小学校の1年生全体で、ひらがな学習が終わった秋にこの聴写（聞き取りのつまずきを発見するためのトレーニング）を実施しました。正答率は、清音99.5％、撥音99％、半濁音99％、長音97％とよい結果でしたが、促音、拗音、拗長音、拗促音のつまずきが2割程度の子どもたちに見られ、トレーニングが必要でした。

〈コラム〉幼少期に視覚機能を発達させる能動的な動作の必要性

文部科学省初等中等教育局児童生徒課「体験活動事例集〜体験のススメ〜」（2008）によれば、子どもたちは直接体験が不足しているのが現状であり、子どもたちに生活体験や自然体験などの体験活動の機会を豊かにすることはきわめて重要な課題とも述べられています。

直接体験の必要性の例として、ヘルドとハイン（Held & Hein, 1963）の受動的なネコと能動的なネコの研究があります（図1）。生まれたばかりの同腹の子ネコ2匹を暗闇の中で育てました。ある程度歩けるようになった子ネコを1日に3時間だけ明るい場所に出し、右のような訓練機の中で過ごさせ、それ以外の時間は、暗闇の中で自由に動けるようにしました。能動ネコ（A）は胴体をカフで固定しますが、四肢は自由にされ、歩くことができます。受動ネコ（P）は支柱の反対側につるされたゴンドラの上に乗せられ、歩くことができません。2匹とも自由に首を動かすことはでき、視覚的には同じような体験をできるようにして、10日間過ごさせました。

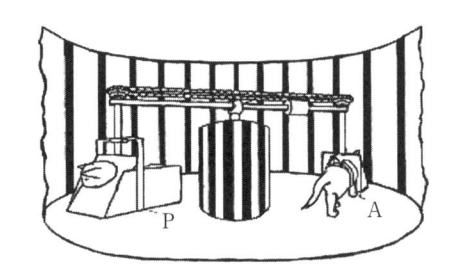

図1　能動ネコと受動ネコに同一の視覚情報を与える装置（Held & Hein, 1963）

出所）乾信之（2016）『巧みさを発達させる幼小体育』渓水社より。

10日間の実験の後、2匹は明るい通常の環境に置かれました。能動ネコは周囲を見ながら自分で歩くことができました。しかし受動ネコは周囲を自由に見ることができても、歩くことができませんでした。空間認識能力が形成されず、あたかも視覚障害のネコのように、物にぶつかったり、段差を踏み外したりといった行動をとりました。

またギブソンの視覚的断崖実験（Gibson, 1969）というものがあります（図2）。これは奥行き知覚能力の発達を検証するための実験です。チェック柄の床の上に脚の高いテーブルを置きます。このテーブルの半分は、透明の強化ガラスでできており、テーブルから下を覗くと視覚的に断崖絶壁に見えます。残りの半分は床と同じチェック柄になっています。このテーブルにハイハイを始めた、生後6ヶ月の赤ちゃんをのせて反対側に待っている母親のところまでハイハイをさせます。ところが下が透明になっている強化ガラスにさしかかったとき、乳児は母親に呼ばれても、進むことができずに手前で止まったり、そこで泣き出したりしました。これは、6ヶ月児が奥行きを知覚する能力が発達していることを指すと同時に、断崖に恐怖を感じていることも示しています。

以上のように、ギブソンの視覚的断崖実験を経て、通常は生後6ヶ月には人間でも動物でも奥行き知覚が備わっており、断崖を回避することがわかってきました。しかし、ヘルドとハインの実験で四肢を固定されて見ながら歩くことができなかった受動ネコは、奥行きの知覚能力が発達しておらず断崖を回避できませんでした。この受動ネコを人に置き換えると、肢体不自由の子どもに対し車椅子を自分で操作させず介助者に任せる行為や、ベビーカーに乳児や幼児を常に乗せる行為、また何から何まで世話をやく行為などにも当てはまるのではないでしょうか。発達は全身を動かす粗大運動から眼球運動や手指などの微細運動へと発達していきます。幼少期に視覚機能を発達させるためには、単に受動的な刺激にさらされるだけではなく、積極的に探索する粗大運動という能動的体験がたくさん必要になってきます。

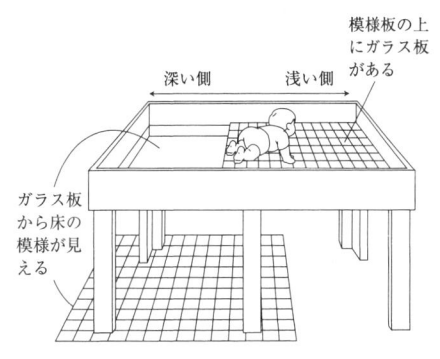

図2　乳幼児用の視覚的断崖実験の装置（Gibson, 1969）

出所）三浦正樹編著（2014）『発達と教育の心理学』八千代出版より。

第2部参考文献

乾信之（2016）『巧みさを発達させる幼小体育』渓水社。

加藤俊徳（2009）「眼の使い方で『視覚系脳番地』はもっと成長する」北出勝也『学ぶことが大好きになるビジョントレーニング』図書文化社、pp. 2-3。

北出勝也（2015）『発達の気になる子の学習・運動が楽しくなるビジョントレーニング』ナツメ社、pp. 2-3。

北出勝也編著（2017）『クラスで楽しくビジョントレーニング―見る力を伸ばして学力＆運動能力アップ！―』図書文化社。

佐藤忠全（2014）「知的障害のある生徒に対するビジョントレーニングの効果：中学部における自立活動の実践から」研究紀要（弘前大学教育学部附属特別支援学校）（20）、pp. 81-84。

Scammon, R. E. (1930) The measurement of the body in childhood, In Harris, J. A. et al., *Measurement of man.* University of Minnesota Press.

中村和彦（2011）『運動神経がよくなる本』マキノ出版。

三浦正樹編著（2014）『発達と教育の心理学』八千代出版。

村上加代子（2011）「読み書きが苦手な児童への英語指導の工夫：研究ノート」神戸山手短期大学紀要（54）、pp. 113-123。

文部科学省（2012）「通常の学級に在籍する発達障害の可能性のある特別な教育的支援を必要とする児童生徒に関する調査」。

文部科学省（2017）「学校保健統計調査（学校保健統計調査速報）」。

文部科学省初等中等教育局児童生徒課（2008）「体験活動事例集―体験のススメ―」。

谷地美奈子（2014）「読み書きの力を高め、定着を図るための指導：視機能の知見を取り入れた指導を通して」研究紀要（弘前大学教育学部附属特別支援学校）（20）、pp. 77-78。

柳澤秋孝・柳澤弘樹（2007）「幼児期の全身運動が前頭前野を活性化し Go/No-go 課題に与える影響について」松本短期大学研究紀要（16）、pp. 203-209。

▶ 第3部 ◀

ビジョントレーニングの教育力

9章

ビジョントレーニングの視点を踏まえた学習指導

第1部、第2部と、認知発達におけるビジョントレーニングの重要性と、幼児教育場面の運動遊びにおけるビジョントレーニングを論じてきました。

しかし一般的に教育の主軸は、学齢期における学校教育、特に教科科目の学習と捉えられているのではないでしょうか。

「勉強が苦手」というと、「きちんと勉強していない」とみなされ、「もっと勉強しなさい！」と叱られたり、多くの問題プリントを課されたりといった、「補習指導」となるのではないでしょうか。確かに、勉強量を増やした結果、成績が向上し、のちに勉強が得意になるというケースもあるかもしれません。しかし、「補習を受けても結局わからなかった」「暗記して試験はクリアしたが、しばらくすると初歩から忘れてしまった」というような、頑張っても「勉強は苦手」という人が多数いることを考えると、勉強をたくさんさせればよいという考え方は適切でもないようです。

第2部でも取り上げたように、幼児期の教育は日常的な遊びを通して培われる「発育・発達」に観点が置かれます。ですから、発達の早い遅いはあるものとして、得手不得手や好き嫌いなどの個性も含めて「みんなが同じではない」と、寛容に捉えてもらえるのですが、学齢期に入り教育＝勉強となったとたんに「みんな同じ。やればできる。頑張れ！」となってしまいがちです。「一人ひとりの個性を大切に」とはいわれるものの、現実には一律にプリント課題を多量に課すなどして、我慢して耐えて作業することが大切だという価値観は、まだまだ学校現場や一般家庭には根づいているのではないでしょうか。その根底には、「頑張って勉強する」＝「知識を覚えること」という学習観があるように思われます。

本来は学べば学ぶほど、多面的な世界に気づき、視野が広がることが「学び」であるはずなのに、知識を暗記していくだけでは、言葉は知っていても物事の見方は変わりません。本来の学びというべき多面的な気づきとは、認知が発達することそのものであって、そのような認知発達とは神経伝達や脳の育ちといった身体的な発達が前提となるものです。発達とは個人差があるものですから、日本の学校での年齢による学年制では、同じ学年でも早熟な子もいれば、発達が遅く幼い子もいます。早熟な子ならばすんなり学習できることでも、それ以上の努力をしても、発達的に理解が困難な「勉強が苦手な子たち」が必然的に存在するのです。

第3部では、そんな勉強が苦手な子たちの認知発達を助ける手だてとして、ビジョントレーニングを捉え、学齢期の教育について掘り下げていきたいと思います。

① 勉強が苦手な子どもたちへの良い学習指導とは

「わかる」とはどういうことか、あらためて考えてみたことがあるでしょうか？ 学校の科目学習では、「問題が解けてテストの点数がいい＝理解している」というように思われがちです。しかし、公式を覚えて計算しただけであれば、決して理解しているとはいえないはずです。つまり、計算問題は解けるけれど文章題ができないとは、「基礎は理解しているけれども応用が利かない」と捉えるより、「そもそもその単元の意味・概念を十分理解できていない」と捉えるべきでしょう。

勉強の苦手さが最も露骨に現れやすい教科は算数です。特に小学校中学年の分数や、高学年の割合などで、できない子が続出してきます。これら共通の落とし穴は、割り算の応用だというところです。割り算のひっ算をするところまでは、九九の逆算などの「やり方」を暗記することで単純な計算はこなせても、文章題では意味理解が必要になって、題意（問題の状況）が捉えられなくなり、あり得ない値を平気で回答してしまったりします。そうして、分数や割合など、学年や単元が進むにつれて、やり方を丸暗記していくだけでは、どういう問題のときにどのやり方を使うかという、パターンが増えすぎて混乱し、「解けない」「わからない」というだけでなく、「あてずっぽうに答える」「考えるのをあきらめる」といった、学習としては成立しない状態となってしまいます。

ではなぜ、割り算が理解できなくなるのでしょうか？ 行き詰まりが起きるのは、前段階の理解が不十分だからと考えるべきで、ここでは一見理解できているとされている掛け算、すなわち九九の学習から意味理解ができているか、を見直す必要が出てきます。掛け算の九九は、それなりに勉強ができた人でも、泣きながら九九を覚えさせられたというような思い出があるのではないでしょうか。私たちも九九を暗記し使っているうちに、自然と「2個が3セットで2×3＝6」というように、掛け算が足し算の繰り返しであるということを何となく理解し、さらに複雑な文章題も理解して解き進めるようになったはずです。確かに九九を覚えることによって、2＋2＋2という繰り返しをいちいち思考するよりも、早く答えを出せるようにはなりますが、なぜ多くの人が泣きながらになるのでしょうか？ それは、「足し算の繰り返し➡掛け算」と気づくことが、小学2年生の発達段階ではまだ難しいのです。ということは、勉強に困っていない普通の子どもたちにとっても、九九を覚えたという段階ではまさに、解けているけれど、理解はしていないというのが、実態であるはずなのです。

そう考えると、後に続く単元の平均の求め方にせよ、速さの求め方にせよ、決して意味理解をしているわけではなく、解ける状態を先に作っておいて、何度も経験しているうちに自然と意味理解にたどり着くということを前提にしているのが、現在の教育手法と考えることができるのです。しかし、全員が意味理解にたどり着けるとは限りません。たどり着けない子どもたちは、必死で丸暗記的な勉強をし続けます。理解が不十分なままでも、記憶力がよければ、単純な問題なら「こう訊かれたら掛け算を使う」というようなやり方の記憶で相応のレベルまでは解けますが、意味理解が伴わないままなので、応用問題でもそれぞれの問題の解き方を覚えざるを得ないことになってしまうのです。そうすると、意味理解している子が1つの単元知識で100種類の問題を解いているとしても、解き方を覚えている子は100種類の解き方を覚えるような状況になってし

まいます。そういう丸暗記的な学習では、本来は2つの単元知識を組み合わせるだけの応用問題であったとしても、100×100＝10000通りの解き方の中から答えを探すかのような状況となり、破綻するのは必然です。

　ですから、勉強が苦手な子どもたちは、「解き方がわからない」と全く手も足も出なくなり、「これは掛け算を使うの？　それとも引き算？」などと、記憶している計算のどれかを当てはめるだけで、全くあり得ない答えを出したりするのです。さらに丸暗記しているだけでは、テストの点数がよくてゲーム的な楽しさを感じたとしても、ものの見方・考え方に影響を受けるような、「学ぶこと自体の楽しさ」には決してたどり着きません。

　仮に記憶力がよく、膨大な解き方を覚えることで、学校の成績はよくて、難関大学の入試を突破できたとしても、本来、教育を受けることによって学ぶべき教養や見識が伴わないものとなってしまいます。問題を解くためだけの知識は、生きる力にならないだけでなく、頭でっかちで社会生活に適応できないような、いわゆる高学歴ニートを生むことに繋がってしまうのかもしれません。

　では、「理解させる」学習指導とはどうすればよいのでしょうか？　たとえば、掛け算の導入授業では「リンゴが2個お皿に乗っていて、それが3皿分あると……リンゴは6個」と、実際におはじきなどを並べて、2個が1つの塊として見えるように教えるはずです。この一般的な導入授業での見せ方が、まさにビジョンや身体的な触覚などの認知機能を働かせた、ビジョントレーニング的な学習指導と捉えることもできるのです。ごく当たり前の学習指導かもしれませんが、「誰にでもわかりやすい授業」とは、このような概念理解への促しがきちんとさりげなく含まれているものなのです。

　ですから、認知機能の中でも特に学習に影響する視覚認知（ビジョン）についての理解を深めることは、学習指導力の向上に直結し、発達段階や特性的な不得手といった勉強が苦手となる原因を踏まえた的確な学習指導を可能にするのです。学習指導にビジョントレーニングを活かすというのは、眼球運動の体操やパズル的な教材を導入するような「特別なものを取り入れる」ということだけではありません。本章では子どもたちはどのように事象を見ているのか？ということを理解するために、ビジョントレーニングの学びを掘り下げていきたいと思います。

② 勉強が苦手な子どもたちは「何がわからない」のか

　前節でも「掛け算の理解」を例示して、勉強が苦手な子どもたちの「わからない」の実情を説明しました。ここで、さらにその「理解できない」というのはなぜか？ということを掘り下げたいと思います。

　一般的に私たちは、「2個が3セットで合わせて6個」は、「6個を2個ずつ3つに分けられる」ということでもあり、6個というのは「1、2、3、4、5、6」という順番の数値だけではなく、量（いわばボリューム感）として、「わかって」います。しかし、分数や面積というような単元の例で考えると、みなさんにも「わからない」という気持ちが少しわかるかもしれません。要するに、数と量の理解とは、「だいたいこれくらい」という感覚でよいかと思います。「だいたいこれくら

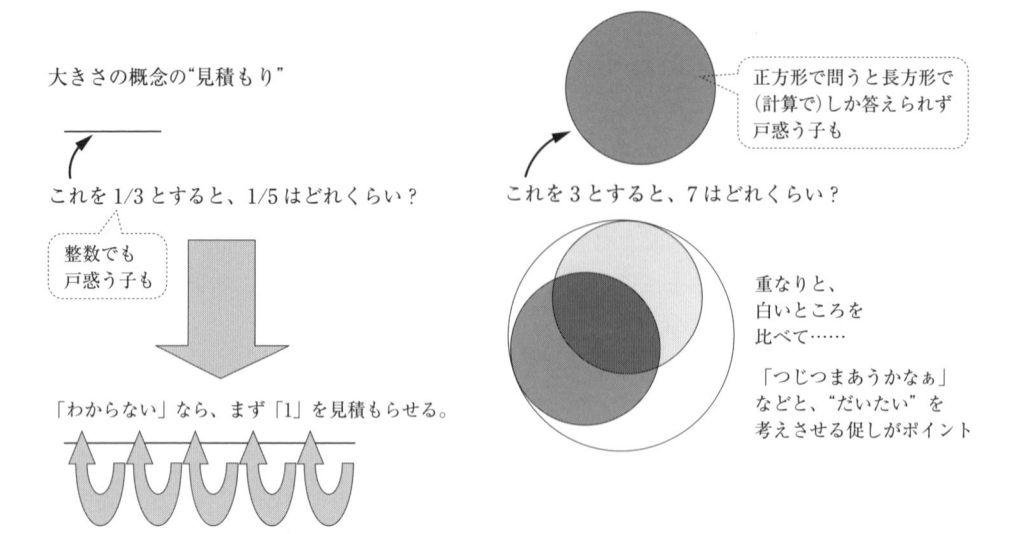

図中のテキスト：

大きさの概念の"見積もり"

これを 1/3 とすると、1/5 はどれくらい？

整数でも
戸惑う子も

「わからない」なら、まず「1」を見積もらせる。

正方形で問うと長方形で
(計算で)しか答えられず
戸惑う子も

これを 3 とすると、7 はどれくらい？

重なりと、
白いところを
比べて……

「つじつまあうかなぁ」
などと、"だいたい"を
考えさせる促しがポイント

図 9-1　数量概念からの指導

い」とは、日常生活でいうと「800 円の商品に 1000 円札で払ったときのおつり」などは、多くの人は計算というほどの思考もせずに処理しているのではないでしょうか。実際に、教育を受けていない国の人々であったり、知的障害があったりして「計算はできない」人々でも、日常生活での必要やバザー的な場面で経験を積むことで、きちんとおつりが出せるそうです。逆に、結果的に算数の問題は解けていたとしても、100 − 99 ぐらいの計算でいちいちひっ算を書くような子たちは、数量の概念を理解していないということになります。

　このような概念理解が欠如したまま単元を進めていくことは、ますます手順の丸暗記にしかなりませんので、楽しくやる気になるような本来の学びになるはずがありません。しかも、せっかく覚えても他のやり方と混同してしまっては、その問題で間違うというだけではなく、「何ができて、何ができないか？」という自己認識自体に混乱をきたしてしまうことにもつながるのです。ですから、なまじっか頑張った子ほど結果的に追い詰められて破綻が大きくなってしまうのです。

　そう考えると、勉強が苦手な子たちに対する補習などでの指導場面においては、その単元を何とかして理解させようと、何度も「○○算のやり方はこうやって掛けて……」といった解法の説明をすることは、手順を暗記させることはできても、理解をさせるという目的においては、むしろ逆効果にすらなってしまうのです。むしろ文章題を読んで、「図表を書いて、足して、足して……」というような、本人なりにも見てわかることを十分にさせて、本人がその足し算の繰り返しを認識し始めてきたところで、「足し算の繰り返しはめんどくさいよねぇ。だから掛け算というものがあるんだよ」というような促しをすることが、そのうち問題を見てすぐに掛け算と気づけるような本当の理解につながるのです。

　ですから、「表がかける」「図の意味がわかる」といった、見てわかる力を高めるようなビジョントレーニングを活かした学習指導が求められるのです。「そのうちわかるようになる」というと、そのまま学習の進捗が遅れ続けてしまうのではと焦ってしまうかもしれません。しかし、無理に今の単元を教え込んだとしても、1 年後 2 年後にその指導が活きているといえるでしょうか？　た

とえば小学生であれば、目先の小テストの点数よりも、中学校で破綻せず、定期テスト勉強が成立する程度に理解していることが大切なはずです。安直に目先のやり方の暗記指導に流されず、中学校で方程式の計算が成立するために、等式や代入という基本概念に徹底的に時間をかけておくことが、優先されるべきなのではないでしょうか。

③　特別支援での学習指導を考える

　学習や行動面で著しく発達障害的な困難の特徴を示す児童生徒は、通常の学級に小学校で約7％、中学校で約4％いるとされています。中学校で数値が下がるのは、低学年ほど困難が表面化しやすいため、中学校では「かなり決定的で重い困難を抱えるケースとみるべき」（発達障害白書2014より引用）なのです。同時に、通信制を除いた高等学校への進学率が96％というデータとも合わせて考えると、小学校では問題があるとみなされていたような、発達障害傾向のあるようないわゆるグレーゾーンの子たちも、中学では全く普通とみなされ、普通に受験をして高校に進学しているということになります。

　前節までに、算数が苦手な子の話として取り上げたのも、まさに、「勉強が嫌い」「応用が利かない」程度で、ただちょっと勉強が苦手とみなされている普通の子たちのケースです。

　ということは、実際の教室には前述の約4％にあたる、科目によっては通級などの特別支援を受ける必要があるような、さらに低い学力の子どもたちも存在しているということになります。そんな本当に授業についていけない子は、ボーっとしていたり、ソワソワと集中力がなかったりして、学習に向かう意欲すらないと思われがちですが、そんな状況になるのは、今向き合わされている内容自体が難しすぎてついていけないからだと理解してあげるべきなのです。

　そんな子たちがつまずくもう一段階低いレベル。それは、あえていえば足し算の段階。つまり数をカウントするということです。たとえば「13、14、16」と数を飛ばしてしまったり、「28、29、40」と繰り上がるときに大きく誤るなどというように、10進数が正確に処理できず、「数十個のものを数える」ということも不安定なようでは、計算問題をどれだけ繰り返しても正確にはできません。認知機能の視点で多少混乱させるような仕掛けをしただけで、何度数えても個数が変わるという事態が起こって、小学校の高学年でも100個レベルのものを数えるということが怪しくなっていたりするのです（図9-2）。

　一見できているようでも、小学校低学年レベルだと「1、2、3、……10」と呪文的にいっているだけで、「数える」という動作とリンクしていないケースも多々あります。それほどにカウント自体ができないということに、先生も気づいていないことが多いのです。なぜなら、彼らは暗記はできるので、1＋1＝2といった足し算や引き算を、九九のように丸暗記することで、彼らなりに低学年までのレベルや、差し迫って直面するテストでも0点にはならない程度までは、どうにか学校の授業に参加して高学年まで達してしまいます。そうすると一見、四則計算くらいはできているように見えてしまいます。文章題の単元が理解できていないということが発覚したからといって、補習で呼び出し、宿題をたくさん与えて繰り返し問題練習をさせただけでは、掛け算・割り算の意味には気づくはずがありませんし、当然文章題が理解できるはずもありません。それ

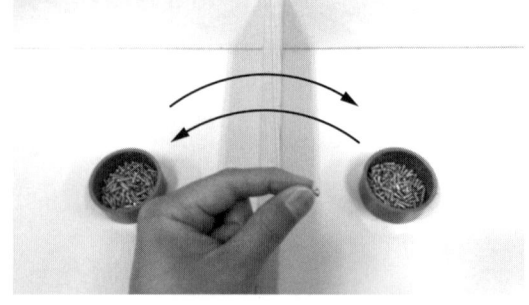

・いちいち1個ずつつまみ、声に出して数を数えながら、右手で左⇒右、左手で右⇒左、と正中線を超える動きで移動させていく。
・並べたりせず、視覚的に数がわからないようにする。
・倒れそうな板を間に置き、避ける注意力を働かせるようにさせる。
上記の仕掛けによって、かなり認知的な負荷がかかります。この負荷を超えて300くらいの数をカウントできなければ、高学年での文章題の内容理解ができるはずはありません。

図9-2　カウントのトレーニングのやり方

どころか、熱心に補習すればするほど、彼らが理解できていないことに気づいて、先生が焦ってしまうようでは、生徒自身も理解が進むどころか、むしろ自信を喪失して追い詰められて、まさに逆効果になってしまいます。

　ですから、特に特別支援的な場面では、通り一遍の指導方法をさせればよいわけでなく、「彼が今どう考えているか？」に注目し、何をするか？ではなく、どのようにするか？という視点で指導を調整することが肝要になってきます。図9-2で提示したカウントのトレーニングについても、とりあえずその動作をすること自体に意義があるわけではありません。一つひとつの物体の数の認識を持つという目的に合うトレーニングにするには、一つひとつしっかり見る、規則に従って注意深く数をカウントする、といったように、動作が目的と合致するような取り組み方をしなければいけません。

　一般に学習指導というと、「成績を上げる」というような、教科や科目の評価を得ることが目的と考えてしまいます。しかしそもそも教育とは子どもの育ち、つまり認知能力の発達が目的であるはずです。ですから、「英数国……」という科目そのものが、そもそも「学ぶべき能力」を切り分けて、便宜上設定されたものと理解し、大局で教育を捉えておかなければ、育ちという目的を見誤ってしまいます。そう考えると、通常の学習指導として取り組んでいるような課題や勉強の仕方であったとしても、そのちょっとした見せ方・やり方にビジョントレーニングとしての目的認識を持つことが、本来の学習や教育としての意義に直結できるのです。

〈コラム〉数 の 保 存

重さ、液量、体積、質量に関連する「数量」について、ピアジェによる発達段階が知られています。

段階1：並べた石の個数ではなく、その列の「みかけ
　　　　の長さ」で量を認識する。

　　　　○○○○○
　　　　●●●●　　　　　量は一緒？

　　　　○　○　○　○　○
　　　　●●●●●　　　　白の方が「長い
　　　　　　　　　　　　から「多い」？

段階2：同じ数を数えて取り出すことができる（4歳
　　　　から5歳で「同値性」を獲得）。

　　　　○○○○○
　　　　●●●●●

段階3：見かけの形が変わっても量は変わらないを認
　　　　識（6歳から7歳で「保存」の確立）。

　　　　○○○○○
　　　　●●●●●　　　　移動しても量は
　　　　　　　　　　　　変わっていない

出所）吉田（1991）pp. 8–11。

　このような数の保存を理解するためには、大人が教えこんでもなかなか理解してくれません。このような概念を獲得するためには、「数年間の経験」による発達が必要なのです。発達段階は個人差がありますから、6歳の1年生では「保存」が確立していない子がいるというのは必然です。このような数学的な概念の獲得の遅れこそが、「数学が苦手」そのものなのです。

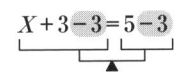

$$X+3-3=5-3$$

左辺と右辺が同じ
＝てんびんのイメージ

　本章で取り上げているように、概念獲得の遅れを短絡的に暗記で補うことは、本来の概念を獲得するための「経験」の機会を減らす可能性もあるのです。実際に中学校で数学が苦手な子たちは、方程式でも右辺と左辺が等しいという意味理解がないまま、移項という意味不明なルールとして覚えてやっていることがほとんどで、それこそ、中学生になっても「保存」が完全には成り立っていないということなのです。

　「+1を移動したら−1になる」というやり方を覚えるのではなく、左辺と右辺が同じという保存を崩さないとはどういうことか？という等式の意味をいちいち考える指導をすることで、概念理解の「経験」を数学の学習を通じて養うことができるのです。

　また、同じように、中1の数学では代入が理解できないということも起きます。

　　例：　$Y=2$ のとき、$X=Y+3$　⇒　$X=2Y+3$　？？

　「Yと2が同じ」ということ、つまり置き換えという数の移動を、動きとしてイメージ的に理解できていないのです。こんなとき、紙に途中の式を書くのではなく、付箋を使って実際に置き換える動きを見せてあげるだけで理解がしやすくなります。

　このように、「同じ」の保存を理解するために、言葉で説明したり、例題を解いて見せるだけでなく、実際に変形や移動したとしても「同じ」ままであることを、具体的に見る経験を重ねるということが、ビジョントレーニング的な数学の概念指導といえるのではないでしょうか。

④ 両眼視の問題

　さらにビジョントレーニングの知識に基づくと、「1つ」が本当に「1つ」として認識できているかという両眼視の問題が、学習にも影響している可能性も考えなければなりません。

　今や3D映像もおなじみになりました。人間は両眼で捉える像のズレによって、立体感を得ていますが、斜視でもともと目玉の向きがずれていると、立体視はできません。斜視というわけでなくても、誰もがうまく両眼を使えているわけではありません。近くのものを見るときの寄り目は、無意識的に両眼がうまく連動して動くもののはずなのですが、両眼がうまく連動していないということもよくあります。最も極端な例では、目の前の「1本の鉛筆」を見ているのに、左右の眼がズレて捉える「複視」が起きて2本に見えるときがあるという現象が起きてしまうのです。

　そんな「1本に見えたり2本に見えたりする」という世界で過ごしているとすれば、「1本に見えても2本に見えても、どちらでもいい」というようなルーズな感覚で日常を過ごすようになることもうなずけます。算数の問題で「1」違いで間違ったときに「惜しい！」といっていたりすると、「意味を考えない」「いいかげん」として、「勉強へのやる気がない」「ふざけている」とみなされますが、そんな態度も、視機能の弱みが原因で「どちらでもいい」という感覚で生きてきたことが原因なのかもしれません。

　そう考えると、4章でも取り上げているような、ブロックストリングを使って「1つにしっかり見える」という視機能のトレーニングを行うことによって、しっかり見えることが当たり前に自然にできる世界に来させることで、考え方や態度も変えることができる可能性があるのです。実際に、落ち着いてコミュニケーションをとることができず、学習指導を成立させることすら難しかった子どもたちでも、第1部でも取り上げているようなブロックストリングのトレーニングや前述のカウントのトレーニングによって、注意を向けること自体を養ったことで、普通に課題にも取り組めるようになり、学習が成立するようになるケースもあるのです。

⑤ 言語学習においてのビジョントレーニング

　幼児期にひらがなを覚えるときに、左右が反転した「鏡文字」になることがあります。これは、「左右の判別ができていない」(左右失認) という、認知が未発達による現象で、ほとんどの場合は成長とともに出現しなくなります。左右失認自体はアルツハイマー型認知症などによる脳機能障害でも起きるものですから、子どもの成長とは、まさに脳の発達であるということを理解すべきでしょう。

　中学生になって英語を習い始めたときに、小文字のbとdを混同することもよくありますが、それはまさに左右認識の弱さが露呈している状態ということになるのです（中には、bdだけでなく、上も怪しくなってpqも、さらに細かい文字の形を判別できずにhとkも、すべてを同じように「見間違える」と訴える子に出会ったこともあります）。

　文字による言語学習を行う際に、このように単純に「見て認識できないからできない」ということだと、まさに一般的なビジョントレーニングで視機能を向上させることが、学習の問題を解

〈コラム〉反射的に抵抗する

　これまで本章で取り上げてきたように、私たちには簡単なことでも、彼らにとってはあまりに難しく不可能な取り組みなのであれば、「笑って、ごまかして、逃げよう」としているのかもしれませんから、「ふざけている」と解釈するのではなく、ごまかさざるを得ないのかもしれないと、理解や配慮をするべきでしょう。

　しかし、彼らをわかってあげることで過不足ない課題を設定し、さらにその負荷に耐えるよう励まし支える信頼関係があったとしても、集中力に欠け、落ち着いてトレーニングに取り組むことが難しくなってしまう場合があります。そんな、心の持ちようだけでない彼らの状況を、身体的な反応として理解する必要があります。

　一般的に自然界で生き残るためには、じっとしているよりも動いた方が有利なのは間違いありません。危険に接触したとき、脳で考える前に脊髄反射で無意識的に手を引っ込めたりするのも、脳が形成される以前の原始的な生物の動作と通じるものです。私たちはよりよく巧みに動くために進化をしてきたといえるでしょう。ですから、その進化の努力に反して、意識的に止まるという行為は、むしろ非常に高度なものです。思い返してみても、「待て」ができる動物は、犬やイルカなど数えるほどです（参考：ベルンシュタイン〔2003〕）。

　そう考えると、「落ち着きがない」「集中力がない」というのは、本人にとっても無意識の動きで、反射的に動こうとするのを抑えきれない現象であると理解することができます。実際に、ADHD特性のある多動な子たちは、眼をつむっていることすらできなかったり、寝転がって脱力するように促しても、歯を食いしばったりしてしまうのです（参考：上嶋〔2008〕）。

　実際の指導経験としても、ベッドで脱力するということを指導して、眼を閉じて脱力することができるようになれば、落ち着いて勉強に向かうこともできますから、脳神経レベルの発達を促すことができたというような解釈ができるかもしれません。

　これまでも述べてきているように、「勉強ができない」「集中力がない」という明らかに見える現象に振り回され焦ってしまうのではなく、どこまでも彼らの本質的な理解を深め、原初的なところまででもさかのぼることが、本質的には教育指導に求められるものではないでしょうか。

トレーニング

　まず、子どもを床に寝かせます。

「今から20かぞえる間」静かに寝ます。背中を下にして、おへそを天井にむけて寝てください」と指示してください。

　子どもたちはとまどうかもしれません。それでも、とにかく寝るように誘導します。そして、20秒を静かな声でかぞえます。

　かぞえ終わったら、

「静かに起きてください」

と合図します。

　じつは、このたった二〇秒間の「静かに寝る姿勢」をクリアできるのは、着席問題の少ない子だけなのです。

　何らかの問題があると思われる子どもは、寝たくもないのに寝なければならないことに抵抗を示します。すぐに起き上がろうとしたり、体は寝ていても手足が動いていたり、背中が動いたり、しゃべったり、笑ってみたり。常に体のどこかが動いていて、数秒たりとも止まっていません。

出所）上嶋惠（2008）『1分間集中トレーニング』学陽書房、pp. 84-85。

決させるものとなります。しかし、そのような視機能の問題で「見えていない」というわけではなくとも、文字を使った言語の学習が思うように進められないことがあります。ここからは、そのような問題をさらに掘り下げていきたいと思います。

1）ディスレクシア対策としてのフォニックス

　文字には、表音文字と表意文字があります。日本語でいうと、漢字は象形文字からくる「意味」を表す表意文字で、ひらがな・カタカナは、「音」を表記している表音文字です。

　文字の読み書きというと、漢字や熟語を覚えるために、何度も書き写すという努力によるものと思いがちです。しかし、そのように教育を受け、相応に努力したにもかかわらず、ひらがなでも書き間違えたり、読むのもたどたどしいという状態になってしまうことがあり得るのです。このような神経生物学的原因による学習障害をディスレクシア（特異的読字障害）といいます。

　欧米言語で使われるアルファベットは、数が少なく文字を覚える負担は少なくても、「th」などのように文字の組み合わせで大きく表音が変わるなど、非常に複雑です。それに対して日本語は、表意文字（漢字）と表音文字（ひらがな）が組み合わされており、複雑な漢字を覚えることは要求されるものの、ひらがなの 50 音は、原則 1 文字 1 音で非常にシンプルでわかりやすいため、日本語はディスレクシア率の低い言語とされています（有病基準のあいまいさはあるものの、欧米では 5〜17.5 ％といわれる中で、日本では 0.98 ％以下ときわめて低いという調査があります。引用：特異的発達障害の臨床診断と治療指針作成に関する研究チーム編集〔2010〕）。私たち日本人は、少なくとも、ひらがなやカタカナであれば、「知らない言葉」でも読み書きはできるという前提で、より高度で複雑な漢字を覚えることに注力し、よりよく、正しく、美しい日本語を覚えることが教育と考えます。しかし、英語圏では、これほどに読み書きができないという人がいるわけですから、読み書き自体への特別支援教育への要求が高いのです。

　たとえば beautiful を「ベアウティフル」と、文字の音のとおりで読むわけではなく、「ビューティフル」と読むというような表音の感覚が弱いと、全く読み書きができなくなってしまいますから、「b」は「ビー」というアルファベットでも、表音は「ブ」だ、「ea」の組み合わせは「イー」だ、と教える読み学習のメソッドがフォニックスです（図 9-3）。フォニックスというと日本では、英会話でのきれいな発音のための指導法と思われがちですが、実は特別支援的なメソッドなのです。

　この知識を踏まえると、「英単語や漢字が覚えられない」「読み書きが苦手」というよくある悩みは、ディスレクシアと診断されるまでではなくとも、脳機能上の弱みがある現象だと理解する必要が出てきます。

　そこで、国語学習も認知的な一連の活動として捉えると、

　　文字が物理的に見える。形状を判別できる。

　　（記号の羅列ではなく）**事象を表す「語」として捉えることができる。**

という、視空間認知が適切で文字として認識していることを前提に、

　　（片言的な）**語の羅列ではない、（規則のある）文として認識する。**

ができてこそ、いわゆる文法学習が可能になります。そのうえでようやく、

　　文脈の理解や表現方法、といった、国語学習的な学び。

につなげることができるのです。

　ということは、国語力を高めるというような学習効果を、的確に・着実に得るためには、彼らがその前提となるどの段階でつまずいているかということを、ピンポイントで把握し補うことが

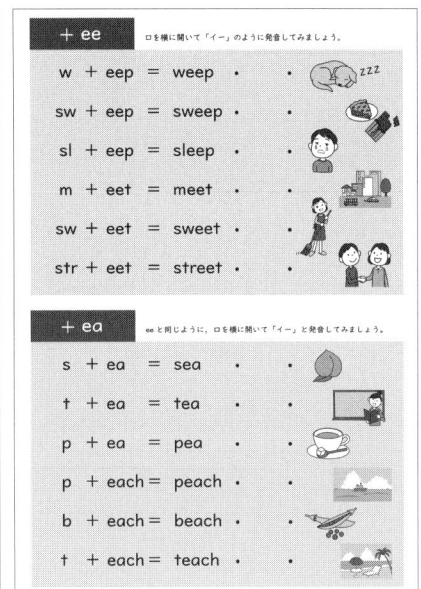

図9-3　フォニックス教材の例

出所）小野村哲（2018）『よめる　かける　ABC 英語れんしゅうちょう　第2版』リヴォルヴ学校教育研究所、pp. 25、49。

必要となってきます。ここで取り上げた視機能の問題とはまさに、第1部でも取り上げている、意味のまとまりとして捉える「群化」という視覚認知の課題そのものです。

　このように、ビジョントレーニングでピンポイントに認知機能を養うということを、学習指導の前提として取り入れる必要があるということになるのです。

2) 全科目に通じる国語力の弱み

　ここまで掘り下げてきたように、認知機能という視点で理解を深めると、勉強が苦手な彼らというのは、ある単元や科目がわからないとか苦手だという次元の話ではなく、そもそも日本語の理解という国語力にも問題があるということにまで至りました。

　確かに、学習指導は知識の伝達というコミュニケーションですから、国語的な理解力を養うことは、学習全体に影響を与える重要なポイントとしてさらに掘り下げていきたいところです。

　では、国語的な理解力を養うというのは、どうすればいいのか？　たとえば、図9-4のような教材もあります。日本語の母語教育としての教材です。見てわかるとおり、一定のフォーマットで促すことで、主語・述語など文構造を正しく意識して答えるようになっています。一見あまりに簡単で、低学年向けの内容に見えるかもしれませんが、実は中学生でも、私たちが思いもよらないほどの意外なところで、「意味がわからない」「何をこたえていいのかわからない」と頭を抱えてしまうことがあり得るのです。この現実を目撃してしまうと、これほどにも日本語が理解できていない子たちがいるのかと驚かされてしまいます。

　一般的な国語指導では、主語・述語というと「大きな鳥がバタバタと飛ぶ」などと、例文で

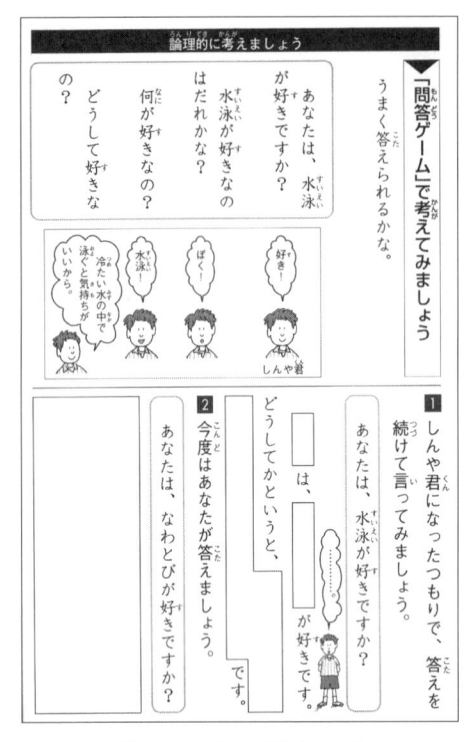

図9-4　日本語教材の例

出所）三森ゆりか（2005）『子どものための論理トレーニング・プリント』PHP研究所、p. 28。

「『鳥が』が主語、『飛ぶ』が述語……」というようにいくつもの例示をすることで、「どういうものが」主語で「このようなものが」述語であるという類推の感覚を身につけて、適切に判別できる理解をします。

しかし、理解力に欠けるとは、このような他の事物と何が同じで何が違うかという、同一性の認識が適切にできないことなのです。

たとえば「リンゴとバナナは何が同じですか？どこが似ていますか？」という質問に対して、正解は「くだもの」なのですが、意味理解の感覚が悪いと、「食べ物」や「皮がある」と返答することがあります。「食べ物」であれば、リンゴ、バナナ、ラーメンとか、「皮がある」であれば、リンゴ、バナナ、人間（皮膚）と、不自然なくくり方となるのではないかと指摘することができます。このように、同一性の認識が適切でなければ、「例と同じように……」と説明されても、「何」が、「どのように」同じかということが把握できないのです。

とはいえ、上記のような間違いを指摘されたときに、不適切だったと気づけるならば、感覚自体が間違っているとはいえないかもしれません。それだけ、例をあげて正しさを検討することが不十分で、深く考えていなかったとも解釈できます。そんなタイプは、直感的・衝動的で「○○が」と「○○に」のように一字違いで全く意味が変わるということも、曖昧であったりします。「鳥がかかる言葉を答えなさい」「鳥にかかる言葉を答えなさい」という問題が並んでいても、同じ問題が並んでいるようにしか認識していないのです。

彼らは日常生活においても、「なんとなく」会話して「なんとなく」行動しているといえます。確かに雑談なら、ある程度の曖昧さで過ごすことはできても、学習・学問という、事象を体系化し、細分化した知識を取り扱う場面には対応できないでしょう。

このような、同一性の認識による意味理解を、細かな違いを認識する力、と少し拡大解釈をしてみると、視覚からの情報入力が不正確なことによって起きた二次的な弱みと捉えることができます。

たとえば、形を認識する視空間認知に弱みがあるとすれば、1文字違いの微妙な違いが判別しにくい可能性がありますし、眼球運動の弱みとすれば、「1文字1文字を追いかけていくことができない」「改行したときに見失う」ことが起こるといった、ビジョンの弱みを原因として、「細かい違いが認識しにくい」ということが起き、それによって「国語力をうまく養うことができなかった」というストーリーが考えられます。

このように、国語的な理解力を養うアプローチとしても、ビジョントレーニングを活かす可能性が広がってくるのです。

〈コラム〉英語から学ぶ同一性理解

「英語を日本語で理解する」ためには、まず「英単語の意味を覚えることが必要だ」と考えるのが一般的かもしれません。たとえば remember の意味を辞書で調べると、「①……を覚えている、②……を思い出す、③忘れずに……する」などとあります。受験勉強では、イディオムの remember to do は「忘れずに……」で、remember 〜ing は「覚えている」「思い出す」と覚えたことによって、長文問題も理解して解き進めることができるようになったでしょう。

しかし、よく考えてみると、英語を母国語とするネイティブスピーカーは、あくまで "remember" という動詞の概念を理解しているわけであって、日本語では「覚える」「思い出す」という動詞に区別される動作をひとくくりにした、あえていえば "rememberってる" という動詞だという概念で理解しているはずです。

先ほどのイディオムの例も、「to 不定詞」と「動名詞の ing」は、どちらも日本語的には「〜すること」と区別がつかなくなってしまいますが、英語ネイティブにとっては、「to 不定詞」と「動名詞の ing」それぞれ異なるニュアンスがあるので、それによるイディオムが日本語的には異なった意味を表すことになるのです。

このように、ネイティブの英単語自体の概念を理解できれば、日本語に変換する必要がなくなって辞書的に暗記せねばならない情報を減らすことができるだけでなく、知らない単語が出てきたり、日本語に変換しにくいような、文章レベルの高い問題を解く場合にも、模範解答のような訳はできなくても、少なくとも内容は概ね理解できるという、応用を効かせることができるのです。

このように考えると、外国語を学ぶということは、決して言葉の意味や表現を日本語訳として覚えるということが大切なのではなく、ドイツ語ならドイツ人の、フランス語ならフランス人の、私たちの母語である日本語とは異なった言語認識やニュアンスを理解して、自分たち以外の世界を理解するという異文化理解につながるからこそ、外国語を学ぶことが大切であるはずなのです。

日本の英語教育は、コミュニケーション能力の育成について課題が多いといわれています。これこそ、いわゆる受験英語のペーパーテストが重要視され、聞く・話すが疎かになっていただけでなく、この異文化理解が意識されないまま、結果的に日本語変換した知識の暗記となってしまっていることが、根本的に活きた英語教育にたどり着けない原因なのではないでしょうか。

参考）今井（1997）、文部科学省（2014）。

10章

拡大解釈的「ビジョン」論

① コミュニケーションの教育とビジョントレーニング

第3部では、「ビジョントレーニングの教育力」として、勉強が苦手という子どもたちの苦手さを掘り下げて、科目学習とビジョントレーニングを繋いできました。しかし、本来「教育」とは科目学習だけではありません。社会生活をよりよく営む「生きる力」を学ぶことの重要さは、近年ますます重要視されています。そんな、社会生活を生きることを、他者と意思疎通し、相手の意向を汲んで、協力・協調するとともに、適切な自分らしさを自己表現できるコミュニケーションだと考えると、「勉強が苦手」は、「教わる」「学ぶ」のコミュニケーション不全であると捉えることができ、視点が変わってきます。

ビジョントレーニング（Vision Training）の"Vision"とは、辞書的にも視力や視覚という意味だけでなく、「洞察力」「未来像」という意味も含まれている単語です。つまり「物事の科学的な理解」や「将来の夢」などを思慮することは、まさに視覚的な「きちんと見える」の延長にある、高次の機能であると示唆されているのです。そう考えると、これからビジョントレーニングに関する知見を拡大解釈的に適用させることで、既存の考え方ではうまくいかなかったことを解決するような、パラダイムシフト（発想の転換）となり得ることを考えていきたいと思います。

1）何がわからないか【vision＝洞察力】

前章で、「勉強が苦手」というのは日本語自体の理解という問題にまでたどり着いたのですが、本人たちからは「暗記ができないから勉強が苦手なのです」という訴えがよく聞かれます。しかし、実は記憶力が劣るどころか、むしろ成績のいい子よりも単純な記憶力が長けているケースさえあります。単純な記憶力は長けていても理解力が不足しているため、いわば無意味な羅列としか認識できていないと考えられます。無意味な羅列ということであれば、覚えられる量は限られるでしょう。さらに、関連づけるような意味づけがないと、すり替わりといった混乱が生じてしまい、結果的に記憶を使いこなせなくなってしまうのです。つまり、理解できないからとにかく覚えようとするけれど、単に覚えただけだから、他の知識との関連性も理解できない、というまさに負の連鎖です。この負の連鎖は、勉強の場面だけではなく、日常生活すべてにおいて関わります。物事を理解し、状況を把握するという、日常生活の積み重ねがうまくいかなくなるのです。

世間でやる気がないと叱られる子どもたちは、「さぼる」「反抗する」といった明らかな自滅行為を意図的にしているのではありません。その状況に応じた適切な行動や、自らの行動による結果予想が適切にできないのです。そう考えると、気持ちや性格などと捉えられるような心理問題

も、理解や把握といった認知の問題からの影響を受けた二次的な問題だと解釈することができるのです。vision という英単語の意味に含まれる「洞察力」は、この理解力にあてはまるのではないでしょうか。

　このように考えると、「わかりません。どうしたらいいですか？」といってくる子どもたちに対しても、「それなら、○○しなさい」と、正解や結果の行動を指示するのではなく、（正解でなくても）「どこまではわかっているの？」と声をかけ、まずは本人なりに現状把握を促し、理解するという思考に働きかけることが必要でしょう。「ここまではわかるんだけど……」といえる子ならば、問題は解けなくてもそこまでの理解はしているということになります。

　しかし、ここで取り上げたいのは、たとえば実際の学習の場面で「太郎君は50円のえんぴつを……」という問題が解けないときに、「全くわかりません」と訴えてくるような子です。そんな子には、「太郎君がいるってわかんない？」「えんぴつ1本50円ってわかんない？」と、少々茶化しながらも、一言一句を順を追って把握させるだけで、「あ！わかった」と実は解けてしまうことがよくあります。この例では、前章で示したビジョントレーニングのような、きちんと一つひとつ見ることが、この問題文を読んで理解するうえで十分ではなかったために、解けなかったと考えられるのです。ですから、あえていえば、この子に必要なビジョントレーニング的な教育指導とは、しっかりと一語一句を見なさい、ということなります。

　言葉にしてしまうと、「指示」と同じことになってしまうのですが、指導する側が、認知機能を養うという目的意識でいうか、指示に従うことを求めていうかによって伝わるニュアンスが全く異なります。このような、目的や意図を日常的な場面で持っていれば、たとえば、眼球運動が悪く1文字1文字を追いかけられないのであれば、指でたどりながら読むというような、一人ひとりの能力や特性に応じた問題解決策を積み上げていくことができるのです。

2）僕はどうすればいい？【vision＝未来像】

　vision という英単語に含まれる、「将来像」というもうひとつのニュアンスについても考えてみましょう。

　私たちが生きていくうえでの根源的に求めているのは、よりよく生きたいという欲だといえるでしょう。しかし、未来とは不確定なものであり、自分の努力で変えられる側面もあれば、自分の力ではどうにもできないこともあります。ですから私たちは、よりよい未来につなげるには、今どうしたらいいのだろうかと悩むのです。

　そんな大げさな話でなくても、子どもたちは大人に、どうしたらいい？と尋ねてきます。そんなとき、○○しなさいと短絡的な指示で済ませてしまってばかりいると、必然的に子どもたちは、いつまでも自分で判断することができない受け身な子になってしまいます。

　今どうする？という問いに対する返答は、正解が事前に決まっているような知識ではなく、その状況に応じた判断であるはずです。判断だということは、（現状と目的が現実的で明確になっているならば、）その目的に向けて、現状との差異を修正したり、不足していることを補うために何をすべきかは、（論理的・合理的に）必然となるはずです。

　ということは、私たちがどうしたらいいのかがわからなくなって悩んでしまうのは、目的が不

〈コラム〉「常識」の獲得

「最初、ある人物が経験した状況が、その人物が不在の間に変化する。そのとき、その人物は現在の世界（ものごと）がどんな状況だと考えるか」というのが、素朴心理学（心の理論）と呼ばれる誤信念課題です。

図のように、サリーが知らない間にアンが勝手にサリーのものを移動させました。私たちは、サリーは自分のものを移動されたことを知らないので、もともとあったはずのカゴを探すはずと考えます。しかし、3〜4歳児の発達段階では、サリーの目線ではなく、自分は移動したことを知っているので、サリーも箱の中を探すはずだと考えてしまうのです。

相手の立場に立って考えるということには、考え方や気持ちだけでなく、このような認知発達が前提として必要です。

素朴心理学と同様に、「ものが下に落ちる」というような常識を素朴物理学といいます。ほかにも、「生き物は必ず死ぬ」というような常識は素朴生物学とも呼ばれます。これらも、生きていくうえでの経験によって、幼い段階で自然と身につくと考えられます。

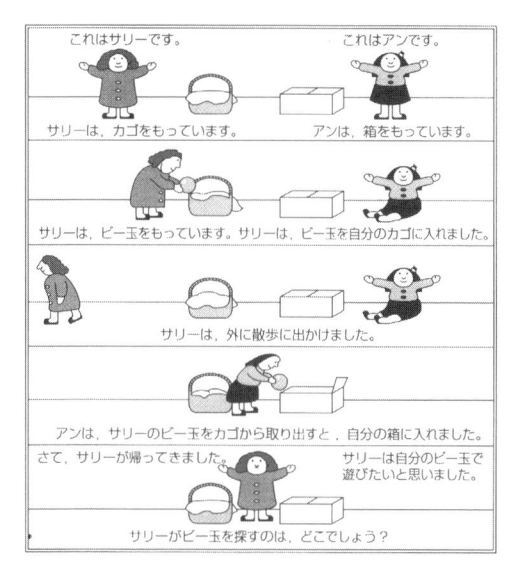

図　サリーとアンの課題

出所）藤田哲也編著（2007）『絶対役立つ教育心理学』ミネルヴァ書房、p. 145.

しかし、デジタル化した現代社会では、手を放してもものが落ちない CG 映像が簡単に作れますから、もし、生後すぐからものが浮かんでいる動画を見続けて成長してきたとすれば、私たちが手品を見て驚くところでも、何の不思議も感じないかもしれません。実際に、「手を離せばものは落ちる……」という話をしたときに、「今は落ちたけれど、落ちないときがあるかもしれないじゃないか」と、半分真顔でいうような子もいます。確かに、そういう CG 映像を見て育ったデジタル世代にとってのリアリティとはそういう感覚なのかもしれません。

ゲームは「誰かが作った世界」ですから、できることとできないことは、仕様（当初の設計）で決まっていますが、現実世界では、自然の摂理に基づく可能不可能はあっても、その行為ができるかできないかは、要はやり方の問題です。たとえば、営業マンとして商品が売れるかどうかは、言い方やタイミングが大事なのであって、どんな行為をしておけばいいかという問題ではないはずです。

しかし、イマドキの受け身な若者が、うまくいかないのはやり方を教わっていないからだと考えたり、指示されたことしかしてはいけないと考えるような思想も、素朴科学的な「常識」の認知発達が未熟だと捉えることができるのではないでしょうか。

そう考えると、便利すぎるがゆえに適切な認知発達がしにくい世の中になったことが、様々な社会問題にも繋がっているように思えてきます。現実をしっかりと認知することを目的とすることこそが、教育のあるべき姿なのではないでしょうか。

明確で、具体的な着地点がないままの、「どうしたらいい？」であったり、目的はあったとしても、理想論や非現実的なものを望んでいるからなのではないでしょうか。

　たとえば、「○○大学に行きたいといってはいるが、全然勉強をしない」というのも、○○大学の入試ではどんな出題傾向で、どれくらいの得点率で合格できるのかを知らなかったり、問題や合否データは知っていても、その合格点を取るために必要な学力レベルが具体的に理解できていないようでは、熱を込めた受験勉強が難しいのは必然でしょう。だから一般に受験指導で先生は、このテキストの問題ができるようにすればOKだとか、本人が具体的にイメージできる情報に変換し、目指す目的像を教えようとします。

　しかし、そんな情報を得ても、勉強していないわけではないものの、やる気なくダラダラとやるだけの子もいます。そんな子にどれだけ到達点を教えてあげてもやる気にはなってくれません。また、口だけで無謀な志望校を目指そうとばかりする子もいます。彼らは、目標が偏差値60といいながら模擬試験で偏差値40台という論外な成績で、周囲が目標の修正をいくら勧めても、平然と次は頑張りますと無謀なことをいい続け、そして同じ失敗を繰り返した挙句、手遅れになってから、頑張ったけれどダメでしたと、追い込みをかけることもなく、結局は諦めてしまいます。

　どちらも、最初から失敗して諦めようというつもりではありません。周囲からはダラダラとさぼっているように見えても、彼らの気持ちとしては「頑張っている」のです。なぜ、そんなギャップが生まれるかというと、彼らの場合、目標や到達点といった将来のビジョンを具体的に把握する以前に、実は自分自身や身の回りの現状すら十分に把握しておらず、どれだけ到達点が具体的でも、起点となる現状があいまいなので、合理的な判断ができるはずがないのです。

　孫子の兵法で「敵を知り己を知れば百戦あやうからず」といいますが、自分を知るということも認知的な能力の一環であり、問題解決や学びにとって非常に重要なポイントだと考えるために次節へ進めていきたいと思います。

②　メタ認知とビジョントレーニング

　「自分自身の状況を把握したうえで、自分自身をコントロールしようとするはたらき」「自分自身を監視し、コントロールしようとする心の働き」を、心理学ではメタ認知と呼びます。メタという言葉は「一段高い段階の」という意味ですから、メタ認知とは、「認知についての認知」、つまり自分の認知過程について認知することを意味します（藤田〔2007〕p. 103）。

　うまくいかないから勉強の方法を変えよう、自分にとって覚えやすい方法で勉強しようといった、状況に応じた判断こそがメタ認知であるならば、前節で取り上げたvisionの「洞察力」「未来像」という解釈も、メタ認知という考えと重なってきます。

　さらにメタ認知を、本書で学んできた認知発達の知識と合わせて考えていきましょう。

　まず、第2部で取り上げたような、身体の発達的にボディイメージの感覚が脆弱だと、「今自分がどうなっているかもわからない」ということがあり得ます。他者から見てどう見えるか以前に、自分の体がどうなっているか、手足がどう動いているかが曖昧な段階だと、動作の結果がうまくいったのか失敗したのかすら、他者からの評価でしか判断できないことになります。これは、ス

ポーツや勉強でも「手応え」や「よい感覚」の判断ができずに、結果の点数だけで良し悪しを判断するということです。そうなってしまうと、本人の目的意識ではないので、メタ認知を駆使するような労力を使う意欲は持てないでしょう。つまり、「なんとか成功してやろう！」と熱心なやる気を見せるはずもなく、義務的にできることをこなすだけになるのです。

また、眼球運動や両眼視といった視機能に弱みがある場合、見ているつもりでも無意識に眼を離してしまう瞬間があるということになります。眼を離してしまっていることに無自覚なのであれば、本人はじっと見ているつもりなのに、知らないうちに、物体が移動していたり、なくなったり、突如現れたりするということが起きてしまいます。そんなことが起きてしまう世界にいるとすれば、「力を加えなければ、止まっているものは止まり続け、動いているものは動き続ける」慣性の法則や、恒常性という概念が成立しなくなってしまいます。恒常性がないということは、「今も何が起こるかわからない」という感覚ということになり、過去・現在・未来の因果関係もあやしくなってしまいます。

過去の結果として現在の状況があるという必然を理解できなければ、必然的に起こるであろう未来の予想もできないでしょうから、「すべての出来事は偶然だ」ということになってしまいます。「すべて偶然」と認識しているなら、メタ認知を駆使し目標に向けてコツコツと積み上げていくという学習が成立するはずがありません。逆にパッと偶然に目標達成することもありうるかもしれないと考えて、衝動的な行動につながるのです。

さらに、立体視、空間視といった視覚認知に弱みがある場合、「壁の向こう側」や「自分とは反対から見た状態」がイメージしにくい。つまり、言葉通りに自分以外の目線がわからないのです（図10-1）。そう考えると、メタ認知に必要な情報が不足し、自分の状況を把握できないのはもちろん、相手の立場や気持ちという、眼に見えないことも含めた、状況などまで思い至ることなど

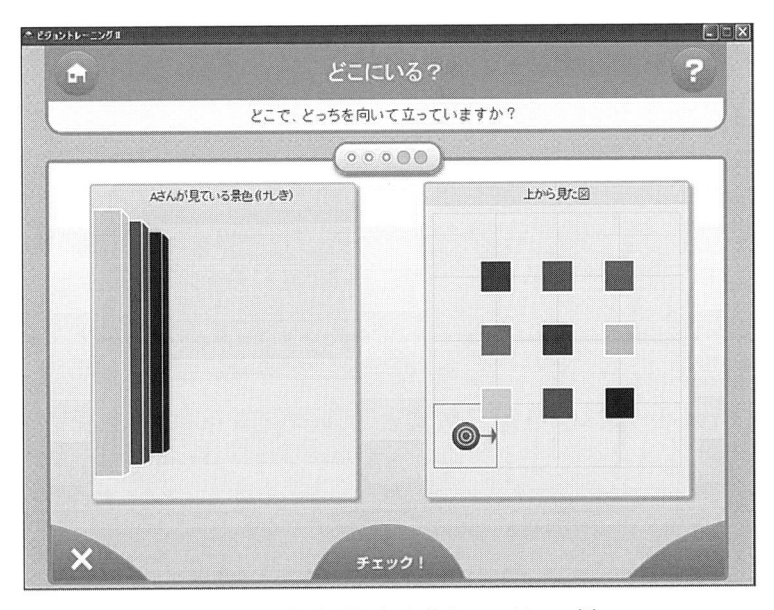

図 10-1　視空間認知を養う PC ゲーム例
出所）レデックス社 PC ソフト北出勝也監修「ビジョントレーニングⅡ」。

できるはずがありません。この影響は、まさに心理学でいう心の理論（〈コラム〉「常識」の獲得参照）の発達そのものです。

　このように、心理学でいうメタ認知についても、視覚の認知力から影響を受けると考えることができるのです。ですからビジョントレーニングで養える「見る力を養うこと」とは、子どもたちの発達も含めた人格形成という、「教育の本質的な取り組み」であると拡大解釈ができるのです。

〈コラム〉認知特性の理解（PASS 理論）

　決して同じ人間は存在しないように、感覚の程度もまさに十人十色です。自分が感じたり考えているのと同じように、相手も感じているわけではありません。そんな心理的なプロセスを、PASS 理論（ルリア、1973）は、「注意・覚醒」「同時・継次処理」「プランニング」という、3つの異なる神経学的システムが相互依存した結果から生じるものとしています。

　その中でも、情報を得て処理し保持するプロセスを同時処理と継次処理という2つの組み合わせとして捉えることは、個性や認知特性を理解することに繋げることができるのではないかと思います。

　　同時処理過程とは、複数の刺激を全体的に処理し、空間的に統合し処理する様式。
　　継次処理過程とは、刺激を1つずつ系列的・時間的順序で処理する様式。

（出所：上野ほか〔2018〕）

　そのそれぞれの優位さによって、「細部に注目して1つずつ」という継次処理が得意であったり、「全体を見渡す」ような同時処理認知が得意なタイプがいるということになります。そう考えると、「細部にこだわり空気を読まずに没頭する」というような、いわゆる自閉傾向とは、同時処理認知が弱く継次処理に偏ったタイプで、「細かい事は考えていないが、センスがある」というのは、同時処理が優位なタイプというように、個性や特性を理解することができるようになります。

　科目学習では、継次処理が要求されることが多いため、継次処理認知が弱い＝勉強が苦手となりがちです。逆に、高学歴である先生側は、継次処理が優位なタイプであることが多いため、わかりやすいように「一つひとつ丁寧に詳しく」教えようとすればするほど、生徒にとってはむしろややこしく、混乱を招くことがあります。

　これは科目学習の場面だけではありません。認知特性の違いは、日常のコミュニケーションでも何かと齟齬が起きてしまいます。注意してもいうことを聞かないと一方的に相手に要求するだけでなく、相手の特性を理解して、（自分には違和感があるくらいでも）相手が適切に理解できる言い方ややり方で円滑なコミュニケーションを取れるようになりたいものです。

（参考：田中〔2013〕、上野ほか〔2018〕）。

③　ビジョントレーニングを自立教育として実践するために

　前節までに、一般的には心理の範疇ととられるような領域においても、ビジョントレーニングによる認知発達が有効となる可能性があることを考えてきました。

　このような壮大な意図を持って、実際にビジョントレーニングに取り組もうとした際に、幼児期なら遊びを通じて楽しく自然な発達を後押しすることで取り組みやすいのですが、学業問題がシビアになった学齢期以降は、同世代の精神的な成長も加速していくため、彼らが自然と育って

いくペースだけでは、求められる年齢相応の育ちに追いつくことはなかなか難しいでしょう。しかも彼らはすでに、劣等感を抱いてしまっており、自らの弱みを養うための取り組みとなると、伴う苦痛感は耐えがたく、トレーニングに向き合うことすら避けてしまうこともありがちでしょう。

そこで最後に、ビジョントレーニングの教育力をよりよく実践するための手段として、コーチングのスキルと融合させることで、認知発達も含めた「気づき」を促し、彼ら自身の意思で向上に取り組むという、自立的な教育のノウハウを考えていきたいと思います。

1）ティーチング・コーチング・カウンセリング

従来の教育スタイルである、講義を聴く、やり方を教えてもらう、といった「ティーチング」では、いわゆる詰め込み教育と呼ばれるような一方的なものになってしまい、結果的に生徒の意欲を引き出せず、思うような教育結果が出ないことがままあります。やる気を引き出すためには、本人の意思を尊重し、まずは本人の思いを傾聴する指導技術が必要だとして「コーチング」というキーワードで講習会などが行われています。

同じように「傾聴」の技術として、「カウンセリング」もありますが、カウンセリングは、病的な状況に陥っているクライエント（患者）に、「心の闇」を吐きださせようとするものです。

このティーチング、コーチング、カウンセリングの違いを例示して説明しましょう。たとえば、ある人が「死にたい」といっているとします。ティーチングでは、死ぬなんて考えるべきではない、考え方を変えたら解決すると教えてあげます。

またカウンセリングでは、そうか、あなたは死にたいと思うほどつらいのですね、と、（相手の考えが不適切であったとしても）訂正・修正はせず、想いをありのままに受け止めてあげることで、本人がかかえている心の闇を吐き出させ切って、「死にたい」と考えない状況に昇華されるまでひたすら傾聴しきるのです。

それに対して、コーチングとは、社会常識・一般論・他者から見ての「あるべき姿」や「正解」をティーチングのように教えるのではなく、本人にとって目指すべきものを見出すために、本人自身の価値観を再認識させるための対話の技術です。どうしたらいいのか？と悩んでいたり、やりたいけれど、心が折れて頑張り切れない、と悩んでいる人に対して、対話によって「現状の把握」と「成功した状態像」を具体化することで、「今すべきこと」へ自分の意思で必然的にたどり着かせるのです。

成 功

↑
↑ 具体像として
↑ イメージでき
↑ れば必然的に
たどりつける

現 状

本書ではすでに「現状の把握」については、メタ認知で掘り下げていますので、ここでは、「成功の状態像」を具体化する力をビジョントレーニングで考えていきたいと思います。

2）リアリティある状態像へ

「成功の状態像」というと、入試で合格することや試合に勝つことといった、結果で捉えがちです。しかし、そういう結果を考えているだけでは、そのための具体的な努力行動に結びつきに

くく、成功を得られる確率は低いのが現実です。

　ですから、コーチングで求めるのは、「合格発表を見た瞬間」や「ウイニングショットが決まった瞬間」といった状態を、そのときに伴う情景や感触に至るまでを含めて想像させることです。そんなリアリティが想像できていれば、その状態になるために必然的に行動が実行でき、必然的に成功に至るものと考えます。これはまさに、本章で取り上げてきたような vision のビジョントレーニングの視点も含めた解釈と合致することをご理解いただけるのではないでしょうか。

　たとえば「合格」という目標を、合格通知が届くかどうかという事実でしか認識していないと、リアリティがなく表面的にしか想定できないということになります。そうすると、不安と期待でソワソワ・ドキドキしても、肝心の勉強に手がつかなくなることすら起こり得ます。それに対して、リアリティのある vision として目標を認識するというのは、「合格発表を見るときの情景や気持ち」から、「入試当日の状況や心境」「その前日の状況」「1週間前の……」「1ヶ月前の……」とさかのぼって、現在までの進行形的な延長線上にあるストーリーのイメージに繋げることができるということなので、必然的に「今すべき行動」を着実に実行することで、合格という目標を達成する実力、すなわち状況をつくることができるのです。

　そこでのリアリティとは、（紙芝居的な断片でなく）滑らかに変わっていく変化の認識、つまり「時間の流れによって事象は変化する」という大前提で、周囲の状況はもちろん、他者の気持ちなど、形にないものの変化も把握できなければなりません。そんな複雑な認識を獲得するためにも、本書でこれまで取り上げてきたような認知機能が必要になるのです。

　ここまで本書で取り上げた要素は、あまりに前提的なことばかりかもしれません。しかし、実際に教育として子どもたちをよりよく導きたいと思っていてもうまくいかないというときは、これらの前提の部分で欠如や不足があるものなのです。これらの前提をきちんと整えたうえでこそ、指導者が伝えたいことが子どもたちに伝わるものなのです。「子どものためを思って」という正論を言葉でいうだけでは、大人のいいわけにすぎません。それこそ、「指導の成功」をリアリティのあるストーリーにして、前提から着実に整えていく努力をすることこそ、本当に「子どものためを思っている」ということになるのです。

3）コミュニケーション教育へのビジョントレーニングからの提言

　ここまで本書でビジョントレーニングを深く掘り下げて学んできたことによって、教育のあり方にまで、再考を促すにまで至りました。

　本書では、ビジョントレーニングは、決して発達障害や学力不振の生徒を鍛えるための訓練や練習だけではなく、認知発達的な弱みや偏りをピンポイントで養い鍛えるという、いわば教育のメソッドであることを紹介し、その影響力は単純な教科教育だけにとどまらず、一般には心理の領域とみなされるような考え方や行動にも繋がると解釈を広げてきました。

　近年、PISA（国際学習到達度調査）での順位や、「脱ゆとり教育」というような視点で、「国際的に通用する人材育成」に向けて、早期から英語学習を始めるような、教育改革が進められています。しかし、その一方で、不登校や高学歴ニートなど、既存教育の歪みともいうべき問題が生じているにもかかわらず、その解決に向けての教育の手だては、有効な議論にすら至っていないこ

とを考えると、非常に片手落ちな現状があるように思われます。

　本書で紹介してきたようなビジョントレーニングを、認知発達を「教育する」手法として取り入れることで、たとえば義務教育として一般に認知発達を育てることができるという、効果を担保できるような教育プログラムになり得ると考えます。そのような認知発達の効果が担保できるような教育が可能となれば、現在の教育が直面している不登校・ニートなどといった社会問題を解決できるのではないでしょうか。それほどに、大きな影響力を持つ可能性があるものとして、ビジョントレーニングが今後重要視されるべきだということを提言して、本書での学びを締めくくりたいと思います。

　最後に、本書は公益財団法人京都地域創造基金による、言語と未来基金に採択していただいたことによって企画されました。ビジョントレーニングを教育の本質にまで拡張して解釈するという、一般常識を超えた内容を文章化する試みとなり、八千代出版株式会社森口恵美子様および御堂真志様の多大な助言と編集の労力をいただくことなくして、ここまでの形にすることはできなかったと思います。この場を借りて深謝いたします。

第3部参考文献

阿部博史・野中博意・古川聡（2012）『脳から始めるこころの理解』福村出版。

乾敏郎（2013）『脳科学からみる子どもの心の育ち』ミネルヴァ書房。

今井むつみ（1997）『ことばの学習のパラドックス』共立出版。

ベッセル・ヴァン・デア・コーク、柴田裕之訳（2016）『身体はトラウマを記録する』紀伊國屋書店。

上嶋惠（2008）『1分間集中トレーニング』学陽書房。

上野一彦・室橋春光・花熊暁責任編集（2018）『特別支援教育の理論と実践Ⅰ―概論・アセスメント―（S.E.N.S 養成セミナー）』金剛出版。

内山伊知郎・青山謙二郎・田中あゆみ（2008）『子どものこころを育む発達科学』北大路書房。

大野裕（2011）『はじめての認知療法』講談社現代新書。

大森修・松野孝雄（2006）『プロの教師はグレーゾーンの子どもを伸ばす』明治図書。

小野村哲（2018）『よめる　かける　ABC 英語れんしゅうちょう　第2版』リヴォルヴ学校教育研究所。

Howard Gardner、黒上晴夫監訳（2003）『多元的知能の世界』日本文教出版。

神田橋條治（2009）『療育技法マニュアル　第18集』小児療育相談センター。

北出勝也（2009）『学ぶことが大好きになるビジョントレーニング』図書文化社。

北出勝也（2012）『学ぶことが大好きになるビジョントレーニング2』図書文化社。

ウーシャ・ゴスワミ、岩男卓実ほか訳（2003）『子どもの認知発達』新曜社。

小玉重夫（2013）『学力幻想』ちくま新書。

小西行郎（2011）『発達障害の子どもを理解する』集英社新書。

M・コームリー編、熊谷恵子監訳（2005）『LD 児の英語指導』北大路書房。

坂爪一幸（2011）『特別支援教育に力を発揮する神経心理学入門』学研。

杉野欽吾・亀島信也・安藤明人・小牧一裕・川端敬之（1999）『人間関係を学ぶ心理学』福村出版。

田中道治（2013）『発達―差異論と動機づけの問題―』北大路書房。

玉井浩監修、奥村智人・若宮英司編著（2010）『学習につまずく子どもの見る力―視力がよいのに見る力が弱い原因とその支援―』明治図書。

辻本加平（2016）『幸せを科学するパラダイムシフト』JDC。

特異的発達障害の臨床診断と治療指針作成に関する研究チーム編集（2010）『特異的発達障害診断・治療のための実践ガイドライン』診断と治療社。

内藤貴雄（2010）『子どもが伸びる魔法のビジョントレーニング』日刊スポーツ出版社。

箱田裕司・都築誉史・川畑秀明・萩原滋（2010）『認知心理学』有斐閣。

藤田哲也編著（2007）『絶対役立つ教育心理学』ミネルヴァ書房。

ニコライ A. ベルンシュタイン、工藤和俊訳（2003）『デクステリティ　巧みさとその発達』金子書房

三森ゆりか（2005）『子どものための論理トレーニング・プリント』PHP 研究所。

文部科学省（2014）「英語教育の在り方に関する有識者会議」。

文部科学省（2017）「学校基本調査」。

吉田甫（1991）『子どもは数をどのように理解しているのか』新曜社。

ピーター・A・ラヴィーン、花丘ちぐさ訳（2017）『トラウマと記憶』春秋社。

監修者紹介

北出勝也（きたで・かつや） [はしがき]

視機能トレーニングセンターJoy Vision 代表。米国オプトメトリスト。（一社）視覚トレーニング協会代表理事。兵庫県特別支援教育センター巡回相談員。

関西学院大学商学部卒業後、キクチ眼科専門学校に進む。米国パシフィック大学に留学し、米国の国家資格ドクター・オブ・オプトメトリーを取得。現在、「視機能トレーニングセンターJoy Vision 代表」として、子どもたちやスポーツ選手の視覚機能検査とトレーニングに携わる。著書・監修書に『学ぶことが大好きになるビジョントレーニング1・2』（図書文化社、2009年・2012年）、『クラスで楽しくビジョントレーニング』（図書文化社、2017年）、『発達が気になる子の学習・運動が楽しくなるビジョントレーニング』（監修、ナツメ社、2015年）など多数。

執筆者紹介 （執筆順）

富永絵理子（とみなが・えりこ） [第1部]

オプトメトリスト。SSS 級認定眼鏡士。特別支援教育士。（一社）視覚トレーニング協会理事。（一社）日本視覚能力トレーニング協会理事。

立命館大学卒業後、予備校に勤務。学習成果が上がりにくい生徒の視機能に着目し、キクチ眼鏡専門学校に進む。眼鏡店勤務を経て、2016年4月に個別指導・学習塾サポーツ京田辺内にジョイビジョン京田辺を開設。現在、京都市立呉竹総合支援学校、大阪医科大学 LD センター、他小児科医院でも活動中。

松岡哲雄（まつおか・てつお） [第2部]

京都西山短期大学講師。（一社）子どもの発達を促す運動遊び協会代表理事。

論文に「幼児期におけるビジョントレーニングを取り入れた運動遊びに関する研究」（2017年）、「ビジョントレーニングの啓発活動の取り組み―保育者養成校の学生を通して―」（2018年）他。学会発表に「幼児期におけるビジョントレーニングを取り入れた運動遊びに関する研究」（2016年）、「前庭動眼反射を利用した眼球運動の機能を高める運動遊びの研究」（2018年）他。ビジョントレーニング普及のため、運動遊び教室の講師等（幼稚園他）を務めている。

岡本康志（おかもと・やすし） [第3部]

特別支援教育士・AJCA 認定カイロプラクター。視覚トレーニング協会京都支部長。ひきこもり対策補助事業　京田辺リメディアル教育学院代表。

大手進学塾企業を経て、「個別指導・学習塾　サポーツ京田辺」を設立、塾の範疇を超えて「勉強が苦手な子」への教育指導に取り組んでいる。著書に『なぜ「個別指導」で成績が上がらないのか？』（星雲社、2011年）。

ビジョントレーニングの教育力

2018 年 9 月 14 日　　第 1 版 1 刷発行

監修者―北出勝也
著　者―富永絵理子・松岡哲雄・岡本康志
発行者―森口恵美子
印刷所―美研プリンティング（株）
製本所―（株）グリーン
発行所―八千代出版株式会社

〒101
-0061　東京都千代田区神田三崎町 2-2-13

TEL　03-3262-0420
FAX　03-3237-0723
振替　00190-4-168060

＊定価はカバーに表示してあります。
＊落丁・乱丁本はお取替えいたします。

ISBN978-4-8429-1732-0